本书系浙江省哲学社会科学规划课题成果：
中国"一带一路"官方话语对外传播模式研究（21NDJC070YB）

中国"一带一路"官方话语对外传播研究

蒋国东　著

A COMMUNICATION STUDY OF
CHINA'S OFFICIAL DISCOURSE ON THE BELT
AND ROAD INITIATIVE

ZHEJIANG UNIVERSITY PRESS
浙江大学出版社
·杭州·

图书在版编目（CIP）数据

中国"一带一路"官方话语对外传播研究 / 蒋国东
著. — 杭州：浙江大学出版社，2025.1. — ISBN
978-7-308-25725-1

Ⅰ. H002

中国国家版本馆CIP数据核字第2024C6E864号

中国"一带一路"官方话语对外传播研究

A Communication Study of China's Official Discourse on the Belt and Road Initiative

蒋国东　著

责任编辑　杨诗怡
责任校对　史明露
封面设计　周　灵
出版发行　浙江大学出版社
　　　　　（杭州市天目山路148号　邮政编码310007）
　　　　　（网址：http://www.zjupress.com）
排　　版　杭州林智广告有限公司
印　　刷　浙江新华数码印务有限公司
开　　本　880mm×1230mm　1/32
印　　张　8.125
字　　数　201千
版 印 次　2025年1月第1版　2025年1月第1次印刷
书　　号　ISBN 978-7-308-25725-1
定　　价　48.00元

前　言

官方话语是指国家领导人、官方媒体或政府发言人等发表的正式言论，旨在表达政治立场、阐述国家意志和引导公众舆论。自 2013 年中国提出"一带一路"倡议以来，官方话语的内容与传播已上升为顶层设计重要的考虑因素。然而，与政府及媒体的宣传热情相比，当前"一带一路"官方话语的传播效果却不尽如人意。这一方面是因为我们对"一带一路"倡议的内涵理解和建设深度不够；另一方面则源于"一带一路"话语的内容感染力不够强和传播渠道不够通畅。对官方话语进行文本分析，有助于提升我国"一带一路"话语传播的有效性和感染力，增强我国官方话语在国际事务中的影响力。

本书由十章组成。第一章介绍"一带一路"官方话语的对外传播现状，提出本书的研究问题和研究方法。第二章综述国内外相关研究现状，阐明本书的学术价值和贡献。第三章构建本书的研究框架，即在系统功能语言学视角下，利用语类结构潜势理论和评价理论态度系统，构建本书的理论分析框架。第四章至第九章详细分析中国"一带一路"官方话语的语类结构和态度资源，揭示此类对外话语的人际意义和交际目的，具体涉及三类官方话语：外交部发言人话语、公共演讲和官方社论。第十章归纳总结本书主要研究成果，并提出对未来研究的建议和展望。

　　本书基于评价理论态度系统，结合语类结构潜势，以外交部发言人话语、政府领导人演讲和官方媒体社论为研究语料，从情感、判断和鉴赏三个维度，对这三种语类的态度资源进行定量和定性的分析研究，旨在揭示三种语类各自的语类结构潜势，以及态度资源在三种语类结构中的分布特征及其人际意义。

　　本书能够为增强中国共建"一带一路"倡议国际传播的有效性提供理论依据和实践参考。通过系统分析和研究"一带一路"官方话语的语类结构与态度资源，本书旨在揭示官方话语在跨文化传播中的潜在影响力，丰富国际传播领域的理论成果。

　　首先，本书运用系统功能语言学的理论框架，特别是语类结构潜势理论和评价理论态度系统，从语篇分析和话语研究角度为"一带一路"官方话语的传播研究提供了新的学术视角。其次，本书以定量与定性结合的方式，全面分析了外交部发言人话语、政府领导人演讲和官方媒体社论三种语类，为相关领域的后续研究提供了丰富的数据支持和实证依据。最后，本书不仅具有理论价值，还具有实践意义，能够为中国"一带一路"政策制定者、媒体工作者和外交实践者提供可操作的话语策略，有助于提升我国"一带一路"官方话语在国际上的传播效果，以及我国在全球事务中的话语权与影响力。

　　总体而言，本书的研究成果对塑造中国国际形象、提高国家软实力以及推动共建"一带一路"倡议的全球认知和接受度具有重要参考价值。希望本书的研究成果能够为从事国际传播、跨文化交流及语言政策研究的学者提供启发，并为中国"一带一路"对外话语传播的实践者提供有益的参考。

目　录

第一章

引　言

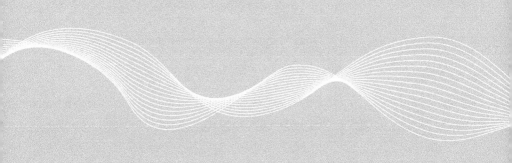

中国"一带一路"官方话语对外传播研究

A Communication Study of China's Official Discourse on the Belt and Road Initiative

一、研究背景

"一带一路"是"丝绸之路经济带"和"21世纪海上丝绸之路"的简称,是中国国家主席习近平在2013年9月和10月出访中亚和东南亚国家期间提出来的。古代丝绸之路是中国和沿线国家政治、经济、贸易、文化交流的共同舞台。共建"一带一路"倡议传承了古代丝绸之路的开放、包容、合作精神,并结合世界多极化、经济全球化,获取了新的时代内涵,充分依靠中国与有关国家既有的双多边机制,借助既有的、行之有效的区域合作平台,高举和平发展的旗帜,积极发展与沿线国家的经济合作伙伴关系,共同打造政治互信、经济融合、文化包容的利益共同体、命运共同体和责任共同体。

官方话语是向世界宣传共建"一带一路"倡议的重要窗口,是中国主动设置议题、传播议题、参与国际社会话语互动的重要途径,也是我国建构对外话语体系和国际话语权的重要媒介。

目前已有学者从传播学、新闻学、国际关系等角度研究中国"一带一路"官方话语的传播现状,但是,鲜有学者从语言学视角对官方话语进行分析和解读，以扩展和深化 "一带一路" 对外话语传播的研究维度。因此，本书从系统功能语言学的人际意义视角出发，运用评价理论，并结合语篇结构理论，研究中国 "一带一路" 对外官方话语，分析此类话语的语类结构和态度资源，揭示 "一带一路" 官方话语的人际意义。

二、研究问题和研究意义

本书将围绕以下两个问题展开研究：第一，外交部发言人 "一带一路" 话语、"一带一路" 公共演讲和 "一带一路" 官方社论的语类结构潜势分别是什么？第二，态度资源在这三种语类结构中的分布特征及其人际意义分别是什么？

总体而言，本书具有理论和实践两个方面的意义。

理论意义方面：由语言学家詹姆斯·马丁（James Martin）建立的评价理论是以系统功能语言学为基础，研究语篇中词汇语义层面上人际意义的一个重要理论。目前，鲜有学者将该理论与语类结构潜势理论相结合，并应用于 "一带一路" 官方话语的语篇研究。本书选取外交部发言人话语、政府领导人公共演讲和官方媒体社论作为研究语料，详尽分析各种态度资源在这三类官方话语中的分布规律，阐释话语评价策略在 "一带一路" 官方话语中的交际功能和人际意义。这不仅能扩展评价理论态度系统和语类结构潜势理论的应用范围，也能丰富官方话语对外传播研究的理论体系。

实践意义方面：本书旨在通过研究"一带一路"官方话语中语类结构各部分的态度资源分布特点，揭示外交部发言人、政府领导人和官方媒体运用话语的态度策略、交际目的和人际意义，以及相关话语对受众产生的影响。因此，本书有助于读者深入解读"一带一路"官方话语策略，也有助于相关新闻媒体撰写"一带一路"外宣材料，增强"一带一路"的对外传播效果。

三、研究语料和研究方法

本书的研究语料为中国外交部发言人涉及共建"一带一路"倡议的话语、中国政府领导人关于共建"一带一路"倡议的公共演讲和中国官方英文媒体有关共建"一带一路"倡议的社论。这三类话语能够体现中国"一带一路"的官方话语，因为它们来自国家政府机构和领导人，反映了中国政府的立场和政策导向。外交部发言人的讲话反映了国家对外沟通的策略，政府领导人的演讲传达了国家的愿景，官方英文媒体的社论则是对外宣传的主要渠道，能够有效传播共建"一带一路"倡议的核心理念和成就。

外交部发言人话语来源为中国外交部官网的例行记者会专栏，时间跨度为 2018 年 1 月至 2022 年 8 月，涉及的外交部发言人有华春莹、陆慷、耿爽、赵立坚和汪文斌，有关"一带一路"的发言稿共 164 篇。中国政府领导人公共演讲选自《习近平谈"一带一路"》《齐心开创共建"一带一路"美好未来——在第二届"一带一路"国际合作高峰论坛开幕式上的主旨演讲》《深化

文明交流互鉴 共建亚洲命运共同体——在亚洲文明对话大会开幕式上的主旨演讲》《开放合作 命运与共——在第二届中国国际进口博览会开幕式上的主旨演讲》和习近平《加强政党合作，共谋人民幸福——在中国共产党与世界政党领导人峰会上的主旨讲话》，出版和发表时间跨度为 2018 年 12 月至 2021 年 10 月，以 "一带一路" 为主题的演讲稿共 20 篇。中国官方英文媒体社论来自 2018 年 1 月至 2022 年 8 月在 China Daily 和 Global Times 上发表的社论语篇，涉及 "一带一路" 的共 147 篇。

在评价理论态度系统和语类结构潜势的引导下，本书采用综合性研究方法，即用定量统计来揭示外交部发言人 "一带一路" 话语、政府领导人 "一带一路" 公共演讲和 "一带一路" 官方媒体社论各自的语类结构潜势，以及态度资源在这三种语类结构中的分布规律；用定性分析去解释这三种语类结构以及各类态度资源所传达的人际意义和交际目的。

本书使用 UAM Corpus Tool 6.2 软件来处理和统计研究数据，具体分为以下几个步骤：第一，导入语料。将外交部发言人话语、公共演讲及官方社论的文本分别导入 UAM 软件。每类文本均被作为单独的项目处理，以方便后续分类与分析。第二，设置标注方案。在语类结构潜势方面，为每类语篇设计不同的结构成分标注方案。例如，外交部发言人话语包含背景、评论、解释、期望、建议等结构成分，公共演讲包含寒暄、背景、举措、意义、期望等成分，官方社论包含标题、议题、解释、背景、评论等成分。在态度资源方面，根据评价理论中的态度系统（情感、判断、鉴赏），手动设置相应的标注类别，并标注积极态度（＋）和消极态度（－）。第三，手动标注。对每篇文本进行人工标注，明确各段落或句子所属的结构成分，同时标注其中的态度资源。例如，一个涉及"一带一路"成就的句子可以标注为"背景"并附带"＋鉴赏资源"。一段批评国外负面言论的文本可以标注为"评论"并带有"－判断资源"。第四，统计分析。完成标注后，使用UAM的统计功能来计算每种结构成分在语篇中的出现频率；生成每类语篇的线性表达式，展现每种语类结构潜势，即必要成分、可选成分及成分排列顺序和重复情况；对态度资源进行定量分析，统计每类态度资源的使用频率及其在不同结构成分中的分布。第五，数据解读与输出。通过定量统计结果揭示三种语类的结构潜势差异，分析哪些结构成分是必要的、可选的，以及各成分的常见排序。结合态度资源的分布情况，分析其在人际意义上的功能，解释为什么某类话语倾向使用特定的态度资源。通过这种方法，可以系统地分析语料中语类结构和态度资源的分布规律，并进一步阐释这些分布特征背后的人际意义和交际目的。

四、本书结构

本书包含十章。第一章为引言，阐述研究背景、问题和意义，同时解释研究语料和方法。第二章为文献综述，整理并述评国内外过往研究，具体涉及外交部发言人话语、政府领导人公共演讲和官方媒体社论。第三章是理论框架，详细描述韩茹凯

（Ruqaiya Hasan）的语类结构潜势，以及詹姆斯·马丁和彼得·怀特（Peter White）的评价理论态度系统。第四章至第九章是本书的主体部分，具体探讨中国"一带一路"官方话语的语类结构和态度资源。其中，第四章讨论外交部发言人"一带一路"话语结构成分、各成分的出现情况以及该语类结构潜势，第五章则剖析态度资源在该语类结构中的分布特点和人际意义。第六章和第七章分别揭示政府领导人"一带一路"公共演讲的语类结构潜势，以及该语类中态度资源的分布特征和人际意义。第八章和第九章的重点分别是"一带一路"官方媒体社论的语类结构潜势，以及该语类中态度资源的分布特征和人际意义。第十章是结论，总结本书研究的主要成果，指出研究的不足之处，并提出对未来研究的展望。

第二章

文献综述

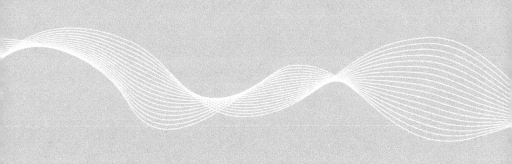

中国"一带一路"官方话语对外传播研究

A Communication Study of China's Official Discourse
on the Belt and Road Initiative

一、外交话语

外交的力量显现在外交话语之中（de Carvalho，2011）。外交话语酷似一种没有动用武力的说服艺术，换言之，没有兵戎相见，发言方就可以在不经意间流露出想要展现的身份，以及想要构建的社会关系（孙吉胜，2009）。在胡开宝和李婵（2018）看来，外交话语作为政治话语的一个类别，是外交主体展现自己在一定历史时期内对外战略和外交政策时所用之语及话语行为，具体涵盖有关外交政策或理念的国家正式文件、领导人讲话、国家间条约、协议、公报、声明和宣言，以及外交谈判、新闻发布会或记者招待会的用语。鉴于外交话语覆盖面广、影响力大，笔者将从外交话语的翻译、语用策略和人际意义这三方面对国内外既有研究进行整理和述评。

（一）外交话语的翻译研究

由于外交场合中的与会成员通常来自不同国家，翻译工作已然成为各方交流时必不可少的一环。为了准确且高效地翻译外交话语，广大学者将翻译原则和翻译策略作为研究重点。

首先，就外交话语翻译原则而言，译者在外交场合进行翻译时会遵循维护国家利益原则（朱义华，2012；张峻峰，2015；Guo，2015）、与时俱进原则（徐亚男，2000；黄友义，2004），以及政治立场正确原则（杨明星，2008；史亭玉、张平功，2021）。外交话语的译者之所以遵从这些原则，是因为相比于其他话语翻译，外交话语的翻译内容多涉及国家大政方针和敏感表态，这使得外交话语翻译具有时效性（徐亚男，2000；张健，2013）、政策性（张援远，2004；施燕华，2009）和政治敏感性（施燕华，2007；Fu，2016；Karakoç，2016）等特点。在遵循上述三条翻译原则的基础上，译者不仅能适度淡化译文中的政治色彩，从而让语言更加通俗易懂，还能有效增强自身以及受众的政治意识（朱义华，2012）。

其次，外交话语翻译策略也广受关注。译者或使用等价性迁移策略，保留原文形式和外交意图（张格兰、范武邱，2021；冯正斌、刘振清，2022；Chen & Zhang，2020）；或使用替价性迁移策略，在保留原文内涵尤其是外交层面的言外之意的前提下，按目的语的特点适度转换表述形式（窦卫霖、温建平，2015；范武邱、王昱，2021；Sanatifar，2015；Yang & Yan，2016）；又或使用添舍性迁移策略，增补必要的外交层面的背景知识，适量删去源语中无足轻重或有碍对外交流的信息（钟含春、范武邱，2018；Schäffner，2004；Wang，2012；Guo，2015），从而提高外交话语的翻译质量，避免因翻译失误引发外交冲突（Wang, Song & Qu，2018），力求正确展现并顺利稳固本国的国际形象（胡洁，2010）。

显然，从翻译原则和翻译策略的角度研究外交话语有助于增强译文的准确性、可读性和接受度，有效提升国家大政方针的对外传播效果。不过，出自外交部的发言、声明等的外交话语译文仍是学者们鲜少涉足的研究内容。因此，本书选取中国外交部发言人涉及共建"一带一路"倡议的发言的英文版译文，对其语类结构、态度资源和人际意义进行系统研究，一定程度上可以为外交话语翻译研究添砖加瓦。

（二）外交话语的语用策略研究

语言的使用离不开策略。交流主体正确运用语用策略不仅能让言语交际顺利进行，还能让话语更具张力，赋予双方想象空间，最终实现特定的交际目的（刘森林，2003；刘森林，2004）。鉴于此，语用策略也是外交话语研究学者的一大关注点，其包括共鸣、重述、引经据典、隐喻、模糊以及闪避等。

第一，外交主体会运用共鸣策略把自己置于目标群众之中，通过"我们""我们的"等表达方式表现出自己与受众拥有共同的观点、利益以及目的（陈丽江，2007；王金玲、王宁，2016；Reh，Van Quaquebeke & Giessner，2017），在拉近与受众的距离后传递外交信息，并唤起受众对外交事项在心理层面的归属感与认同感（喻国明，2013；Swann Jr，Jetten，Gómez，et al.，2012；McDermott，2018）。

第二，重述策略在外交话语中的使用体现为外交人员运用另一种表述方法对已有信息进行再次呈现，例如，"换而言之""我的意思是"等措辞。在这一策略的支撑下，发言方能够紧紧围绕自身外交态度和意图来引申话题或归纳要旨，不断加强对话语的控制（陈丽江，2007；Partington，2003；Zhou，2020）。

第三，在使用引经据典策略时，外交人士会适时展现古今内外的谚语、诗词、名人名言等优秀文化元素或相关历史事件（窦卫霖、温建平，2015；徐美玲，2018；Park，2017），一边有效传播本国经典文化，一边清晰传达对他国文化的关注、欣赏与称赞，从而在亲民友善的氛围中促进目标群众对于外交事项的理解和认同（吴瑾宜、汪少华，2020）。

第四，隐喻也是外交话语中尤为关键的一大策略。通过将所述内容比作动物、植物等有生命物体（窦卫霖、温建平，2015；Lakoff，2002；Lakoff，2006；Liu & Wang，2020），或是河流、桥梁、房屋等无生命物体（翁青青，2013；窦卫霖、温建平，2015；文秋芳，2017），还有旅途、责任、真理等抽象概念（艾喜荣，2016；范武邱、邹付容，2021；Wageche & Chi，2017），外交话语的灵活性和感染力得以提高，外交理念的传达效果得以增强（Cheng & Chen，2019；Kuosmanen，2021），最终有助于本国政治利益的获取与维系（Steuter & Wills，2008；Kampf，2016）。

第五，模糊策略在外交话语中的具体表现包括但不局限于所用之语笼统含糊（许静，2017；di Carlo，2015）、委婉含蓄（郭立秋、王红利，2002；魏在江，2006；徐中意，2020）。例如，使用 "拮据" 此类委婉表述替换 "贫穷"（窦卫霖，2011），以及所指对象不明确，比如，运用 "某些人" 等措辞而非指名道姓（杨明星、王钰繁，2020；叶慧君、杨鑫妮，2021）。在这一策略的帮助下，外交人员能在树立本国正面形象的同时有效维系和谐的对外关系，避免冒犯别国（秦小锋，2009；Adegbite，2005；Zhang，2014）。

第六，外交人员还会通过闪避策略公开或隐蔽地避开棘手情况、敏感问题等不愿提及的事项，前者包括"不作评论""无可奉告"等措辞（窦卫霖，2011；洪岗、陈乾峰，2011；Bull & Mayer，1993；Gnisci & Bonaiuto，2003），后者包含答非所问、避重就轻等方式（Clayman，1993；Obeng，1997），巧妙略去可能会有碍外交进程的信息，并用看似多余的信息不经意间将受众的注意力从刚才谈及的外交话题转移到别处（蓝纯、胡毅，2014；刘风光、刘诗宇，2020）。正如约翰-查尔斯·约翰逊（John-Charles Wilson，1990）所说："新闻记者往往善于提出精辟性问题，而政治家则以闪避策略回答这些问题而著称。"在外交话语里使用闪避策略能有效缓和话语冲突、维持外交和谐，最终达到切实维护本国利益的目的（韩丹、刘风光、邓耀臣，2020；韩丹，2021；Karakoç，2016）。

综上所述，研究外交话语语用策略对于促进外交话语传播、提升政治交际效果等具有重要作用。鉴于当前少有学者从人际意义词汇层面或语篇框架层面对外交话语语用策略进行研究，本书将运用评价理论态度系统这一基于词汇的研究理论，以及语类结构潜势这一基于语篇的研究理论，对中国外交部发言人"一带一路"话语进行针对性分析，力求进一步丰富外交话语语用研究。

（三）外交话语的人际意义研究

胡壮麟（2008）曾指出，语言的人际功能在于它能向受众展现出发言者的身份、地位、态度以及传达发言者对某人或某事物的推断、判断及评价。这些人际功能表现出的人际意义，恰恰体现了交流主体之间的互动。因此，人际意义也一直是外交话语研究的一大切入点，至少涉及语气、情态和评价资源三个方面。

首先，就外交话语人际意义涉及的语气方面而言，外交主体会以陈述语气为主，祈使语气和疑问语气为辅的方式来进行外交信息的传递以及情感之间的交流，具体体现为用陈述语气进行外交信息的传递，用祈使语气激发目标群众对外交事项的意志力和行动力，用疑问语气吸引受众的注意并引导受众往预想的方向思考（张森、刘风光，2018；Ezeifeka，2014；Firmansah，2015；Kuang & Liu，2017）。这使得发言者站在信息发布者这一主要位置准确、详细地阐述事实，化解目标群众对相关外交政策或理念事项的疑问，促使受众在不经意间增强对外交信息的接受度和认可度（Strauss，2012；Scott，2015）。

其次，外交话语人际意义在情态上的展现至少涉及情态类型和情态量值两个方面。以情态类型来说，体现义务（如"应该""要求"）和意愿（如"将会""乐于"）的意态化表达能让受众感到外交话语人的目标和坚决态度，而体现可能性（如"毫无疑问""或许"）和经常性（如"总是""有时"）的情态化表达则能为外交话语增添严谨性和客观性，并且通常情况下，外交话语中的意态化表达较为明显（王红阳、程春松，2007；王彦、陈建生，2016；Koutchadé，2015）。除了情态类型，情态量值也在外交话语中有所体现。外交主体会通过"能够""或许""间或"等低量值的情态用词，以平易近人的姿态与受众交流并保留外交事项的协商余地，避免把事情绝对化（姜雪、刘薇，2009；徐中意，2017；Firmansah，2015）；并使用"将会""应该"等中量值的情态用词让目标受众感受到发言方与其他国家互帮互助、共谋发展的外交合作意愿以及对于国际关系的预测（曾亚平，2009；王彦、陈建生，2016；Kuang & Liu，2017）；同时配以"必须""决心""保证"等高量值的情态用词向目标受众强调坚定不移的国家发展信念和不容撼动的政治底线（王和私、尹丕安、王芙蓉，2011；Koutchadé，2015；Nartey & Ernanda，2020）。基于这些不同类型和量级的情态表达，外交场合的发言者能够顺利维持对话空间，从不同层面阐明本国对外政策或理念的合理性与合法性，并将其有效传达给目标受众（郑东升、刘晓杰，2010；Fu，2016），最终促使更多受众沿着发言者所倡导的方向转变对外交事项的观点、立场和态度（张森、刘风光，2018）。

最后，评价资源在外交话语人际意义上的呈现至少包含态度资源、介入资源和级差资源三个方面。就态度资源而言，外交主体通常会使用大量正面的情感、判断和鉴赏资源（如"荣幸""领土主权""关键的"）塑造积极的对外形象，并凭借适量负面的情感、判断和鉴赏资源反击他者的外交态度和观点（王楠楠，2020；Márquez，2017；Lian，2018），以便让生动的、有感染力和说服力的表述影响受众的情感和价值判断，使受众在不经意间接受外交主体传递的信息及暗含的意识形态（Wong，2016；Markwica，2018）。在介入资源层面，外交主体倾向使用多来源、开放式的多声资源压缩外交话语的对话空间以展现自身的立场、态度和观点（如"但是""没有"），或扩展外交话语的对话空间以展现自身的客观性和包容性（如"或许""根据"），并适时配以必要的单声资源强调外交政策或理念以体现权威，从而不断调节自身参与会话的方式以及对所述内容的负责程度，有效维系与受众尤其是意见不同者的对话空间（陈辉，2021；Su，2016；Lian，2018；Li & Zhang，2021）。级差资源则会参与到外交话语态度资源和介入资源的使用过程之中，与它们相辅相成，即用语势（如"隆重庆祝""深刻总结"）和聚焦（如"必须""这样的"）准确显示外交主体对于相关外交事项所持有的正面、中立或负面态度的强弱，以及主体性清晰度的动态变化（司炳月、高松，2019；于丽，2021；Munday，2017），继而更有针对性地影响受众的情绪和判断，让更多受众顺利贴近并无意识地接受外交话语中暗含的意识形态（Munday，2015；Li & Xu，2018）。基于这些评价资源，外交主体不仅可以多角度彰显国家硬实力和软实力，还能够直接或间接地展现自身在外交事项上的态度，影响受众的判断与立场，从而赢取更多盟友（李战子、胡明霞，2016；Su，2016）。

显然，研究外交话语所含有的人际意义可以挖掘出外交互动者之间的关系，进而剖析出暗含的外交主体意识形态。不过，鉴于目前少有学者把语类结构融入外交话语人际意义的探索之中，本书将结合评价理论态度系统和语类结构潜势来分析中国外交部发言人的"一带一路"话语，期望能更深层次地为从事共建"一带一路"相关工作的中外相关人士正确解读外交部发言人话语中的信息及人际意义提供参考。

二、公共演讲

（一）公共演讲的人际意义研究

演讲者在努力建立人际意义，包括与他人关系的亲疏及熟悉的程度，或者演讲者的态度和判断。语气、情态和人称是实现演讲人际意义涉及的三个重要方面，演讲者能够借它们表达观点，影响听众，并与其建立和保持关系（邓畅，2014）。

在语气方面，陈述语气的使用最为频繁（杨娜芝，2010；陈雪，2017；崔诗文，2019；常一心，2022；Hulu，2019；Yu，2021）。演讲者使用陈述语气来传达实际信息，陈述客观事实（何椒云，2016；李丰华，2018；梁红，2019；马媛媛，2020；Ye，2010；Nur，2015；Prihandini & Putra，2019），宣扬个人立场、观点和态度（刘丹，2019；王宁，2020；Yang，2017），向听众表达建议及行动要求（邓畅，2014；白芝红，2019；Feng & Liu，2010）。疑问语气的使用频率次之，这种语气可以使听众活跃起来，引起他们的注意并激发其好奇心，使得演讲更加生动（何椒云，2016；陈雪，2017；Darong，2021），还可以使听众关注缺失内容，进行信息确认（邓畅，2014；江雷，2017）。由此，听众也被赋予了"演讲者"的角色，更好地被引入演讲情境中，如此，演讲者便能够更为容易地控制演讲话题（邓畅，2014；张路遥，2016；梁红，2019）。祈使语气具有命令、要求和呼吁等功能，演讲者使用这一语气时具有权威性（邵帅，2016；袁舒芳，2016；何莹，2018；Nur，2015）。采用祈使语气来号召或者对听众提出要求（钟丽君，2010；张晶晶，2021；Saghir，Qasim & Sibtain，2020），有助于增强演讲者的气势，表达演讲者的意图（王宁，2020；陶红羽，2022），同时能够升华主题和营造氛围（刘丹，2019）。而使用"Let us"结构可以缓和祈使语气，在号召民众的同时，与听众保持亲密友好的关系（何莹，2018；李岩，2018；Jiang & Zhu，2023）。祈使语气使用得最少，因为演讲者更喜欢用委婉语气来表示尊重（张路遥，2016；白芝红，2019；梁红，2019）。

在情态方面，情态研究包括情态系统和情态三级值的研究。在情态系统中，意态的使用多于情态，意态能表达演讲者强烈的意愿（江雷，2017；张晶晶，2021）。在情态三级值中，中值情态动词"will"使用得最为频繁，它能够表达演讲者的计划和承诺，展示其信心和决心（邵帅，2016；袁舒芳，2016；王宁，2020；Prihandini & Putra，2019）。其次是低值情态动词"can"，它能够展现演讲者自身或听众所具备的能力（梁红，2019；陶红羽，2022；常一心，2022；Feng & Liu，2010；Darong，2021）。大量中低值情态动词的交替使用使得演讲者表达观点的语气更温和、更客观（何栎云，2016；张路遥，2016；崔诗文，2019；Yu，2021；

Zhang，2021），同时也拉近了演讲者与听众之间的距离，使听众能理解并接受演讲观点（杨娜芝，2010；袁舒芳，2016；江雷，2017）。使用频率最低的是带有命令性和强制性的高值情态动词（何莹，2018；刘丹，2019；李慧，2020；Yang，2017）。但在一些政治演讲中，高值情态动词的使用频率稍高，旨在表现演讲者的信心以及完成任务的坚定决心，增强听众对演讲者的信任感（钟丽君，2010；李丰华，2018；李岩，2018；Ye，2010；Nur，2015；Hulu，2019）。

在人称方面，演讲者多使用第一人称代词来表达自身的想法，这有助于形成亲密的对话风格，拉近演讲者与听众之间的距离，取得听众的信任和支持（何棪云，2016；袁舒芳，2016；陈雪，2017；李岩，2018；王宁，2020；Ye，2010；Firmansah，2015；Saghir Qasim & Sibtain，2020；Yu，2021）。第一人称复数"we"使用最为频繁，旨在表明演讲者是与听众站在一起的，如此就可以最大限度地在情感上打动听众，使演讲者陈述的内容易于被听众接受和认可（杨娜芝，2010；钟丽君，2010；邵帅，2016；李丰华，2018；张晶晶，2021；常一心，2022；Hulu，2019；Prihandini & Putra，2019）。第三人称代词的使用频率次之，因为演讲者会选用第三人称代词来引用第三方的经验或观点，以丰富自身的陈述或提高自身论点的可信度，同时也能加强与听众的联系，增强听众的参与感（张路遥，2016；何莹，2018；梁红，2019；陶红羽，2022；Nur，2015）。此外，选用第三人称代词也能够体现演讲内容的客观性（陈雪，2017；江雷，2017；崔诗文，2019）。第二人称代词的使用频率最低，演讲者用第二人称来吸引听众进行思考和友好交流，增强听众的参与感，从而拉近与听众之间的距离，更好地传播思想（何栋云，2016；袁舒芳，2016；王宁，2020；Feng & Liu，2010；Yang，2017；Darong，2021）。

综上所述，在公共演讲中，演讲者偏爱使用陈述句、中低值情态动词和第一人称代词 "we"。这些语言手段不仅能强调演讲者所要表达的观点，还具有反映演讲者身份、地位、态度、动机以及演讲者对事物的推理、判断和评价等主要功能。本书将通过评价理论态度系统，更深层次地研究公共演讲中的人际意义和交际目的，以清晰揭示演讲者的态度和立场。

（二）公共演讲的文体特征分析

文体学是语言学的一个分支，它将现代语言学的理论和方法应用于文体研究。文体学研究语言在特定语境中的使用，并试图解释标志着个人和社会群体的语言使用特征（Qian，2006）。文体特征分析的目的在于通过对具有文本意义的语言特征进行分析，揭示语言运用的表达效果和交际功能。笔者将从语音、词汇、句法和修辞四个层面对演讲词进行系统、全面的描述和阐释，从而揭示公共演讲特有的文体特征。

在语音层面，演讲者多使用头韵来增强语言魅力，给听众留下深刻印象（陈彦竹，2011；姬瑞昆，2013；Lin，2019；Tian，2020）。押韵使得语言更加生动，可以更有效地将演讲者的情感传递给听众，进而引起听众的情感共鸣（杨桂蓉、訾缨，2009；孟彩华，2010），而合理安排重读音节和非重读音节的位置，则能够使演讲富有节奏感和感染力（杨桂蓉、訾缨，2009；孟彩华，2010；Lin，2019）。在公共演讲中，吞音、压缩音和缩略语的现象很少见，这使得语言更加严肃和正式（陈泽泽，2009；姬瑞昆，2013；李春英，2014）。

在词汇层面，首先，演讲者更常使用第一人称代词来拉近与听众之间的距离，与听众站在同一立场，能够引起共鸣（张倩，2009；马徽，2016）。其次，情态动词可以加强语气（成亚君，2011；张竞碧，2011）。再次，不同特点的词语在公共演讲中起着不同的作用。例如，直观、具体、简短的词语可以清晰流畅地表达想法（张竞碧，2011；Zhao & Li，2019）；正式的词语能突出演讲的正式性和严肃性，使演讲更具有说服力（孔昭莉、陈士法，2011；Tian，2020）；情感词语能表达演讲者强烈的情感，吸引听众，引起同情和共鸣（孟彩华，2010；Zhao & Li，2019）。最后，公共演讲中，演讲者较少使用多音节词和复杂难懂的词，因而不同文化背景的听众也比较容易理解（蒋戴丽，2008；张世璞，2009）。

在句法层面，演讲者使用最多的是陈述句，这样可以直接有效地表达自己的想法（马徽，2016；Lin，2019；Rong，2021）。同时演讲者会交替使用长短句，短句用于表达简单但强烈的想法和感受；长句用于表达复杂、全面的想法，使得表达更加正式（马徽，2016；Labbé & Savoy，2021）。此外，复合句和圆周句也频繁出现在演讲中，前者帮助演讲者有逻辑地、有序地表达他们的想法（成亚君，2011；Li，Wang，Wang，2019），后者主要出现在演讲末尾，旨在鼓励听众跟随演讲者的逻辑和情感，增强和吸引听众的期待和关注（陈泽泽，2009；张竞碧，2011）。各类演讲句型中的主动语态占主导地位，突出演讲者主动改变现状的意愿（陈彦竹，2011；成亚君，2011；姬瑞昆，2013）；而现在时态占大多数，过去时态和将来时态次之，体现出演讲者以史为鉴、立足当下、展望未来的时空逻辑（孔昭莉、陈士法，2011；Jiang & Zhang，2024）。

在修辞层面，演讲者常使用引用、对照、明喻、隐喻、重复和排比的手法。引用能够增强演讲者观点的说服力（张竞碧，2011；谭克新，2014；Zhao & Li，2019）。对照可以突出事物的区别，给人以深刻的印象（蒋戴丽，2008；成亚君，2011）。明喻可以使语言更加生动，增强趣味性（张倩，2009；李春英，2014；Zhao & Li，2019）。隐喻可以使抽象的概念变得具体，更易为听众所接受（蒋戴丽，2008；张倩，2009；马徽，2016；Tian，2020）。重复可以使语言具有强烈的节奏感，实现表达强烈的思想情感，突出表达目的（付蕾、李捷，2010；姬瑞昆，2013；谭克新，2014；Lin，2019；Tian，2020）。排比使得结构更加紧凑，使演讲语言准确、严肃、有力，更富感染力，能够集中地强调某物，具有说服力（张世璞，2009；谭克新，2014；马徽，2016；Lin，2019）。排比和重复的交替使用能起到强调和增强语势的作用，使演讲更具吸引力。

显然，在语音层面，演讲者大多使用头韵、押韵和重读音节的合理安排等使演讲富有节奏感；在词汇层面，演讲者会利用第一人称代词、情态动词、情感词汇、正式词汇等来更好地表达想法；在句法层面，演讲的句式丰富多样，以陈述句和现在时态为主；在修辞层面，演讲者会使用引用、对照、明喻、隐喻、重复和排比等手法使演讲生动有力，富有感染力。本书将结合语类结构潜势理论和评价理论态度系统来研究公共演讲中的语言特征，从而更全面地把握公共演讲的表达效果和交际功能。

综上所述，国内外学者不仅挖掘了公共演讲的人际意义，还多方面分析了其文体特征，为公共演讲的语言特征研究提供了多样的视角，具有重要的现实意义。然而，相较于公共演讲本身的丰富性，公共演讲研究的角度及数量仍有待扩充。鉴于此，本书将结合评价理论态度系统和语类结构潜势来分析"一带一路"公共演讲，以探讨公共演讲更深层次的话语特征。这一方面有助于拓展评价理论态度系统和语类结构潜势的应用范围；另一方面有助于对外传播中国对共建"一带一路"倡议的态度、立场和认知，向共建"一带一路"国家的政府官员、企业代表和普通民众展现共建"一带一路"的合作成果和发展蓝图。

三、官方社论

社论是报纸或杂志类媒介中重要的体裁类型，能够表明社论作者对重大问题和事件的态度和立场，承担着舆论发声、传达国家立场、构建国家形象的重要作用（郭可，1993）。国内外学者多从语言学角度对社论进行研究，即从社论的语言特征、人际意义和翻译策略方面探析其语篇背后的观点、立场和意识形态。

（一）社论的语言特征研究

就社论的语言特征而言，学者大多以社论的主体和标题为研究对象展开分析。关于社论主体的研究，多从词汇、修辞和句子方面探究其语言特征，而关于社论标题的研究多从标题的语法、语义和语用方面进行分析。

1. 关于社论主体的研究

首先，词汇方面。社论词汇变化是社会发展、社会思潮变迁以及人类认知变化的间接反映（徐超，2017）。在此过程中，新词的加入、旧词的消亡以及敏感词的形成均与社论发表时代紧密相关，体现了国内和国际大环境（廖迅乔，2014）。词频研究是社论词汇研究的重要方面，能反映词汇社会使用动态变化状况，整体上高频词保持一定的稳定性，但是不乏个别高频词出现旧词新义和词语衰变等（刘晓丽，2015）。此外，从社论中情态动词的使用情况来看，中值情态动词使用最多，低值情态动词次之，高值情态动词使用最少（袁春琳，2011）。情态动词、说服性动词和"to 不定式"的使用对于社论对话性的增强具有重要作用，这符合社论话语发展趋势（Steen，2003）。

其次，修辞方面。社论具有政论的特点，为了达到新颖别致和耐人寻味的表达效果，作者常会采用排比、比喻等修辞手法（左实，2009）。其中，排比是社论中运用最多、最灵活的一种。词语排比、短语排比、单句排比、复句排比、段落排比等在社论中均有运用，对于深化语义、增强语势起到了不可或缺的作用

（丁毅，2019）。作者还会较多地使用比喻来增强社论的可理解性
（宋金花、于波、刘冲，2012）。例如，词汇隐喻能够通过与读者
的共有知识潜移默化地向读者传达某种价值观，这对于构建和维
持读者和作者之间的从属关系具有重要作用（Liu，2018）。不过，
目前在修辞策略方面，社论仍存在忽略整篇社论的语调而造成的
"同一"策略误用问题、不同语篇对同一议题的态度相矛盾的问
题，以及措辞不当等问题，这些问题都会导致社论公信力的降低
（朱会敏，2020）。因此，在撰写社论时，为了提升媒体公信力，
作者应当尽量选择中性词，隐藏修辞动机，充分引用数据，从而
增强社论的客观性和读者认同度。此外，修辞者应努力获得受众
的修辞认同，修辞实践作为一个双向对流的信息运动过程，其完
成需要读者的反馈，在这个过程中，主流社会意识会通过影响作
者的修辞选择而实现作者与读者的修辞认同（史明磊，2006）。
另外，不同语言社论间的宏观修辞结构体现了不同文化之间的宏
观结构差异（Ansary & Babaii，2009）。

最后，句子方面。陈述句、祈使句和感叹句三种句类在社论
中均有运用，其中陈述句的使用频率最高，感叹句最低，祈使句
居中（钟蕊，2019）。汉语和英语社论在句型方面存在较大差异。
汉语社论较多使用简单句，较少使用并列句、复合句及并列复合
句等复杂句型，而英语社论较多使用复杂句型。在汉语和英语社
论中，主语从句、表语从句及状语从句的使用频率大致相当（赵
绪红，2011；Jiang，2024）。

此外，被动语态句子在汉语社论中的使用频率高于英语社

论，说明汉语社论倾向于淡化行为主体，强调行为对象和结果（陈建生、孟广福，2016）。印欧语系中的非英语社论句子结构较英语社论的句子结构复杂度更高，这一点与作者写作的熟练程度有关（Indarti，2018）。在社论语篇中，作者选择不同的主题进展可以产生不同的效果，以适应不同类型的读者（Hawes & Thomas，1996）。正如前文所述，社论观点分析的难度分为多个层次，较低层次的有单词、短语、句子，较高层次的有段落和篇章（Bal，2014）。

2. 关于社论标题的研究

首先，语法方面。第一，社论标题的用词多为普通、大众化的单词，通俗易懂，其中出现次数最多的成分是名词、动词和形容词，而代词、数词、副词的使用频率较低，目的是凸显社论的客观性（白冰，2020）。第二，社论标题的语法具有规范性，其篇幅短小，高度凝练，经常省略主语，且较少使用标点符号（彭如青、欧阳护华，2009）。第三，社论标题会使用比喻等多种修辞手法，以引起读者阅读兴趣和增进读者对社论内容的理解（Manu，Awuttey，Freitas，2022）。

其次，语义方面。第一，社论标题的语义色彩突出，如时代色彩、形象色彩、感情色彩等（邹晓玲，2018）。第二，社论标题用词的语义具有以下特征：直白性，很少有比喻义和引申义；高度的概括性，且通常比较抽象；鲜明的时代性，这是标题最重要的语义特征之一（牛宝义，2007）。

最后，语用方面。第一，社论标题的语用功能主要有表引、陈述和祈使（白鹏飞，2015）。第二，社论标题中极少出现疑问句，使用肯定陈述句和祈使句的标题较多（李颖，2012）。第三，社论中概括型标题的数量比抽象型标题的数量多（杨树，2009）。第四，社论标题不仅能展示社论的主题，同时也能展示作者的主观态度，从而影响读者对于社论文本的解读（Bonyadi & Samuel，2013）。

社论作者往往会使用不同的语言手段，如情态、评价形容词和副词、一般短语、修辞和习语等，来表达不同程度的态度和观点，影响、塑造或重塑读者的态度，并激发读者的批判性思维（Bakuuro & Diedong，2021）。同时，社论不仅会潜移默化地影响读者的思维、态度和立场，还会在写作过程中加深或改变作者本身的态度和立场（Kerrick，Anderson，Swales，1964）。

（二）社论的人际意义研究

社论作者通过使用不同的语言资源来实现说服功能，例如，词汇、语法、语气、修辞等语言资源可以用于传达作者的情感、立场等主观感受。社论作者通过构建和管理作者和读者的共同的价值观，使读者充分感受作者的评价立场（Salahshoor，Najjari，Tofigh，2014；Liu，2017），具有一定的人际意义。因此，大量学者对社论的人际意义研究产生了浓厚兴趣，学者们主要对比分析了评价理论的态度资源、介入资源和级差资源在英汉社论语篇中分布和使用频率的异同，以及社论如何使用语言资源来实现语篇的人际功能。

1. 态度资源

此处的态度资源指用于表达作者对话题的情感、态度、评价和立场等方面的词汇资源，具体分为情感资源（表达作者的情感）、判断资源（对人和行为的评价）和鉴赏资源（对事物和环境的评价）。英汉社论语篇都会大量运用态度资源，其中判断资源和鉴赏资源的使用频率较高，情感资源的使用频率较低（韩青玉，2011；Pratama & Rustipa，2020），其目的是降低语言的主观性和个性化，提高评论的客观性和公正性，以潜移默化的方式让读者在不知不觉中接受社论的态度和观点（李响，2016）。其中，得体、能力和价值这三类资源的使用频率较多（Tian，2013）。英汉社论语篇均以显性与隐性、直接与间接相结合的方式表达情感、发布评论和实现社会群体建构（冉志晗，2012）。

在情感、判断和鉴赏子系统资源的使用上，英汉社论语篇存在差异。首先，在情感资源方面，汉语社论语篇中的"满意/不满意"所占比例最高，而英语社论语篇中的"安全/不安全"所占比例最高（张雪，2018）。其次，在判断资源方面，英语社论语篇倾向于以非主体性的情感表达方式进行评价，侧重从社会约束的角度传达较多判断意义，且策略性地使用隐性判断资源以实现负面评价的表达；而汉语语篇则倾向选择主体性情感表达方式，多从社会尊严的角度传达判断意义，且多由显性判断来表达负面评价（刘飞飞，2012；刘婷婷，2017）。最后，在鉴赏资源方面，英汉社论语篇均以表达社会评价为主，反应和构成极少出现，鉴赏意义主要通过修饰语实现，但汉语语篇中修饰语的使用密度比英语语篇大得多（陈晓燕，2007）。此外，汉语中表示态度意义的词语远比英语词汇语法书中列举的要丰富。因此，对于汉语社论语篇中表现态度意义的手段应该依据态度意义的分类来分析（郭志通、钟庆伦，2007）。

2. 介入资源

介入资源是指用于表达说话者与话题、听话者或其他交际参与者之间关系、角色和互动方式的词汇资源，包括单声资源和多声资源两大类。介入资源广泛存在于英汉社论语篇中。英汉社论都广泛地使用各种多声资源，但使用各种介入资源的频率存在较大差异（要佳妍，2016）。英语社论语篇倾向于使用不同类型的多声资源，而在多声资源中，倾向于使用借言的方式，语篇中的声音来源呈现出"多样化"的特征，语篇整体对话性较强。汉语社论语篇则较多选择单声资源，而在单声资源中，倾向于使用自言的方式，语篇中的声音来源呈现出"单一化"的特征，主观意识较强（戴光荣、左尚君，2015；刘婷婷、徐加新，2018）。此外，汉语社论语篇较多使用对话紧缩资源，英语社论语篇倾向于使用更多的对话扩展资源，这表明汉语社论喜欢压缩对话空间，英语社论倾向于打开对话空间（王磊，2012）。除汉语社论外，其他非英文社论也会出现对话紧缩资源略高于对话扩展资源的情况，在压缩对话空间的过程中，社论作者试图在吸引读者参与交际活动和维护自身作者权威间保持平衡（Ntsane，2015）。在英语社论语篇出现的所有对话紧缩资源中，否定资源最多，而对于汉语社论语篇而言，反预期资源使用最多。在各种对话扩展资源中，包容资源在英汉社论语篇中使用最频繁（任重远、毛登彩，2012；阮英，2016；续静莉，2016），而接纳资源在汉语社论中主要通过高值情态动词体现，在英语社论中主要通过低值情态动词体现（王怡滢，2021），这表明汉语社论凸显作者的主体性，并强调权威性和一致性（Liu，2009），而英语社论倾向于立场的多样性和不确定性（李长忠、眭丹娟，2012）。此外，英语社论语篇中，态度系统与介入系统紧密结合，大量的态度意义，特别是表示社会约束的评判，通过借言实现，而汉语社论中的这种结合表现得并不明显（陈晓燕、王彦，2010）。不同的媒体运行机制和不同的文化价值观会造成不同社论间介入资源的差异（王蕊，2017）。值得一提的是，在运用多声资源时，通过提及外部信息来源并不能保证客观性，反而可能增强社论的主观性（Le，2003）。

3. 级差资源

级差资源是指用于表达评价对象之间差异、程度、大小、重要性等概念的词汇资源，包括语势和语焦两类资源。相对于态度资源和介入资源，级差资源在社论语篇中所占的比例较少，是对评价态势的修正和调整，以扩展价值立场，有效地与读者结盟（李国庆、孙韵雪，2007）。同时，级差资源有助于实现社论的隐性评价（赵民，2015）。通常，语势资源的出现频率远高于语焦资源（徐珉君，2016），语势资源可以增强或者降低作者的评价主张，以此来影响目标读者（程洪梅，2008）。在语势选择上，社论语篇使用较多的强势资源可以增强说服力和号召力，由此作者可以邀请读者与自己建立立场上的同盟（王燕、柳福玲、张文静，2014）。

总体来说，社论作者通过策略性地使用各种评价性语言资源，表达态度与观点，与读者建立立场联盟，旨在实现社论语篇的人际意义和交际目的，这使得社论看起来比报纸其他体裁更具说理性（Bonyadi，2010）；与此同时，社论语篇人际意义的实现手段会受到不同语言和文化差异的影响（Zarza & Tan，2016）。

（三）社论的翻译策略研究

社论翻译主要体现在词汇、句法和语篇层面上，整体上采用以归化为主、异化为辅的翻译策略，社论翻译主要的原则有准确性、可读性和贴切性，旨在做到语场、语旨、语式上的对等（张文丽，2014；张文丽，2015）。在词汇方面，采用的翻译方法有意译、直译、增词等，以求准确、完整地传达原文信息（李梦杰，2021）。在句法层面，主要采用的翻译方法有顺序译法、换序译法、拆分译法等，同时保证句式流畅度（马艾合，2017）。在语篇层面，主要采用的翻译方法有拆译法、增译法、合译法和减译法，保证语篇逻辑清晰（王艳艳，2021）。当模糊语出现在社论翻译中时，译者需根据语义模糊、语用模糊、文化意义模糊或文化背景模糊等模糊类型采取直译或释译、换译的方法或借助"引号"、套译和加注等翻译技巧（王鸽，2019）。此外，译前，译者可以通过隐喻来获得作者潜在的态度倾向，进而调整翻译思路；译时，译者可以根据具体的交际目的、交际场合、交际双方关系、交际内容等文化、情景等因素来选择合适的翻译技巧（梁楹，2012）。从翻译内容的传播效果来看，目前社论翻译存在的突出问题有：一是缺少对翻译内容的适当取舍；二是缺少国际传播视野下翻译视角的转化；三是过度追求简洁性导致目标文本部分内容的缺失（王艳艳，2021）。因此，社论翻译应在原有翻译三原则（准确性、可读性和贴切性）的基础上，兼顾目的性和忠实性原则，遵循功能加忠诚原则和注重多模态翻译策略，以期提高社论译文的质量和传播接受度。

上述研究从语言学的角度分析了社论的语言特征、人际意义和翻译策略，其中，有关态度资源和语篇结构的研究进一步解释了社论语篇背后的人际意义。尽管国内外有大量学者对社论展开了详细研究，但仍存在一些不足，具体来说，语言学中对于社论态度资源的研究与热点时事的结合并不紧密，并且对于社论文本的结构划分过于简单，这会导致对社论作者复杂交际意图的忽视（Ansary & Babaii，2005），共建"一带一路"倡议的实施极大程度带动了共建国家的发展，对中国正面国际形象的构建具有重要意义，媒体相关社论的发表在此过程中起着关键作用。本书将结合语类结构来分析态度资源在"一带一路"社论语篇中的分布情况，以期在一定程度上丰富社论语类的研究成果，为社论作者的写作提供一定的借鉴，同时帮助读者进一步理解"一带一路"相关社论。

第三章

理论框架

第三节

架构分析

中国"一带一路"官方话语对外传播研究

*A Communication Study of China's Official Discourse
on the Belt and Road Initiative*

一、语类结构潜势

韩茹凯（Hasan）是第一位深入探讨语类的系统功能语言学家（胡壮麟，2008）。在她的研究成果中，语境配置和语类结构潜势是十分关键的两个概念。

语境配置是"certain aspects of our social situations that always act upon the language as it is being used"（Halliday & Hasan，1985：55）。它包含三个变量值：语场、语旨和语式。语场体现的是交际参与者们的所作所为是什么、为了什么。语旨表现的是交际参与者们的身份以及他们之间的关系，如亲近、疏远或其他。语式则关注交际参与者们的交流渠道以及语体。鉴于此，语境配置之所以能够有效预测一个语篇的结构成分，具体来说，就是因为其能够解答下述五个问题："What elements must occur; what elements can occur; where must they occur; where can they occur; how often can they occur?"（Halliday & Hasan，1985：56）

语类结构潜势则总结了一个语类所有可能的语篇结构。它以线性表达式的形式，展现出该语类的必要成分、可选成分、所有成分可能的排序以及重复情况。值得注意的是，"genre is defined by obligatory elements in structure"（Halliday & Hasan，1985：62）。换言之，只要各个语篇的必要成分及其分布固定不变，不管其可选成分是增加还是减少，是前移还是后置，这些看似风格各异的语篇都依然属于同一个语类。以商店购物为例（Halliday & Hasan，1985：64），这一语场设定下的语类结构潜势如表 3-1 所示。

表 3-1　商店购物语类结构潜势

[（G）·（SI）^][（SE↻）{SR^SC^↻}S^]P^PC（^F）	
符号说明	
G= 问好	S= 出售
SI= 开始	P= 购买
SE= 询问	PC= 购买完成
SR= 要求	F= 结束
SC= 应答	
（　）= 可选成分	没有（　）= 必要成分
·= 所处位置可变	[ ]= 限定范围
^= 所处位置固定	↻= 可重复
{↻}= 括弧内重复率相同	

　　语类结构潜势理论自提出以来，不仅对语言学研究产生了重要的影响，还在多个领域得到了广泛的应用。在教育领域，该理论为教师设计教学材料和课程提供了框架指导，帮助他们根据不同的语境和学科要求，构建适合学生的语篇结构。在商业沟通中，语类结构潜势被用于分析广告、报告和商务信函的结构，确保这些文本的组成部分满足特定行业的需求。在法律和医疗领域，该理论也用于分析合同、病例报告等专业文体，帮助确保文

件的准确性和一致性。因此，语类结构潜势不仅是一种语言学工具，还是多个专业领域的有效方法论，能够有效帮助人们理解并运用不同语境中的文本结构。

二、评价理论态度系统

态度系统是评价理论的一个子系统，也是评价理论的核心。评价理论由三个子系统构成（态度，介入和级差），其中态度系统是评价理论的核心。态度系统比介入系统和级差系统更适合用来分析"一带一路"官方话语，因为它直接反映了话语中的情感倾向和价值判断。在共建"一带一路"倡议的对外传播中，政府往往需要传达积极的情感和价值观，以增强国际社会的认同感和参与意愿。通过态度系统，我们可以深入理解如何构建积极的国家形象和促进合作的意图。此外，态度系统能够揭示出官方话语中对合作伙伴和倡议本身的积极评价，从而帮助我们识别出背后的交际目标和人际意义，这对于全面理解共建"一带一路"倡议的传播效果至关重要。在马丁和怀特这两位态度系统的完善者看来，"attitude is concerned with our feelings, including emotional reactions, judgements of behavior and evaluation of things"（Martin & White，2005：35）。如图 3-2 所示，该系统可分为情感、判断和鉴赏，而这三者属于不同的语义范畴。

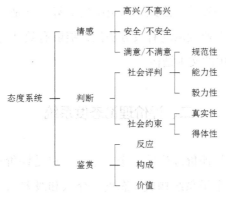

图 3-2 评价理论态度系统

（一）情感

情感与心理学息息相关。它 "deals with resources for construing emotional reactions"（Martin & White，2005：35），更具体地说，是情绪者面对行为、文本/过程、现象等触发物时产生的积极或消极感觉，而这种情绪性反应是评价者与生俱来的。有学者把情感进一步分为高兴/不高兴、安全/不安全、满意/不满意三组变量。（Martin & White，2005：49）

高兴/不高兴 "involves the moods of feeling happy or sad，and the possibility of directing these feelings at a Trigger by liking or disliking it"（Martin & White，2005：49），常见表达有 pleased，happy，glad，regret，be fed up with 等（见例 3-1）。

例 3-1：The people of Sri Lanka are happy [+高兴] with it and we feel happy [+高兴] for them, too.（陆慷，2019-04-09）

安全/不安全 "covers our feelings of peace and anxiety in relation to our environs, including of course the people sharing them with us" (Martin & White, 2005: 49), 展现这类情绪的惯用语有 believe, be confident of, be convinced, get exhausted, be worried, sick 等（见例 3-2）。

例 3-2: China believes that [+安全] those who view and analyze the BRI in an objective and unbiased way will arrive at a right conclusion.（赵立坚, 2020-10-13）

满意/不满意 "deals with our feelings of achievement and frustration in relation to the activities in which we are engaged" (Martin & White, 2005: 50), 而 support, be willing to, reject, condemn 等用语正是评价者在该情感上的明确表达（见例 3-3）。

例 3-3: China is willing to [+满意] make joint efforts with Pakistan to fully implement the important consensus reached by the leaders of the two countries.（华春莹, 2020-12-03）

（二）判断

判断属于伦理范畴。它 "is concerned with resources for assessing behavior according to various normative principles" (Martin & White, 2005: 35)。根据马丁和怀特的研究（2005:

52），判断包括社会评判和社会约束两个类别。就社会评判而言，它分为对规范性、能力性和毅力性三个方面的肯定或否定判断。规范性是评价者从伦理道德的角度指出有意识的参与者的行为寻常与否，always，natural，special，never等表达都属于规范性资源（见例3-4）。

例3-4：China always [+规范性] regards ASEAN as a priority in its neighborhood diplomacy and a key region for the Belt and Road Initiative cooperation.（赵立坚，2020-11-27）

能力性是评价者基于伦理道德去评判有意识的参与者是否有才能。这类资源包括can，offer，we have many ways to，who do not have full access to等用语（见例3-5）。

例3-5：Now people in Andijan can [+能力性] get to Tashkent in just two hours.（华春莹，2018-07-16）

毅力性指评价者从伦理道德的角度，展现其对于有意识的参与者是否顽强、坚定的看法，常见表达有firmly，continue，stick to，be committed to等（见例3-6）。

例3-6：China and BRI partners are committed to [+毅力性] high-quality development under the Initiative.（耿爽，2020-03-12）

社会约束则是评价者从真实性和得体性这两方面，对人的性格和行为所作出的肯定或否定判断。真实性是评价者依据社会规范指出一个人是否坦诚、可靠，truly，certainly，confuse black with white，do not hold water等表达都属于真实性资源（见例3-7）。

例3-7：We hope more countries will truly [+真实性] care for Africa.（耿爽，2019-03-20）

得体性是评价者从社会规范的角度，判断一个人的行为是否妥当，展现这类评价的惯用语有should，oppress，false and groundless accusations，it is imperative that...，it is fair to say that...等（见例3-8）。

例3-8：He should [+得体性] really give it some thought.（耿爽，2019-06-27）

（三）鉴赏

鉴赏属于美学范畴。它"looks at resources for construing the value of things，including natural phenomena and semiosis（as either product or process）"（Martin & White，2005：36）。根据马丁和怀特的探讨（2005：56），鉴赏进一步分为反应、构成和价值。

反应展现的是事物引发的直接情绪，更具体地说，就是该事物能否吸引评价者的注意，以及它是否会引发评价者的厌恶。这类用语包括 impressive，vivid，high-quality，be warmly welcomed，good and joyful 等（见例 3-9）。

例 3-9：It is good and joyful [+反应], and will deliver benefits to our peoples.（赵立坚，2021-10-18）

构成强调评价者对事物的感知。这与反应有所不同。反应只涉及事物对情绪的影响，构成则是结合了评价者对事物客观要素的评估，即该事物是否均衡以及是否便于掌握。构成资源可由 bilateral，international，financial，sustainable 等词来体现（见例 3-10）。

例 3-10：We will carry out open, green and clean cooperation [+构成], and pursue high-standard, people-centered and sustainable development [+构成].（陆慷，2019-06-19）

价值侧重评价者对事物的认知。与构成类似，它也关注事物的客观要素，不过它还包含人的看法和观点，尤其是关于该事物的创新性、真实性和及时性方面，而这些都使得评估更为理性、客观。实现该评估的惯用语有 unique，opportunities，tangible benefits，give strong impetus to 等（见例 3-11）。

例 3-11：The CPEC is a landmark and pilot program [+价值] under the Belt and Road Initiative（BRI）.（赵立坚，2021-09-24）

综上所述，情感、判断和鉴赏是语言使用者所传达的态度评估，它们既带有感情色彩又不失理性。情感资源直接且自然地展现出评价者的情绪性反应，判断资源和鉴赏资源则是对评价者情感资源的二次加工，这些对于行为和事物价值的看法能够更为客观地表露出评价者的态度。

在构建理论框架时，本书结合了语类结构潜势和评价理论的态度系统。语类结构潜势侧重于分析话语的结构成分，提供了话语在特定语境中的可能成分、必要成分及其排列顺序的潜在分布模式。这一理论能够帮助研究者明确话语的基本构成及其在特定语类中的组织规律。而评价理论的态度系统则旨在分析话语中的评价资源，特别是话语中态度资源的分布特征及其人际功能。态度资源包括情感、判断和鉴赏，能够体现出话语中的人际意义和交际目的。因此，在结合两者的基础上，话语结构的明确界定就能为态度资源的分析提供前提条件。话语中的态度资源并非随机分布，而是与其结构紧密相关的，通过确定语篇的必选和可选成分，可以更系统地考察态度资源在这些成分中的分布规律及其与交际目的的关系。通过这种分析，研究者不仅可以探讨态度资源在不同语类中的具体表现，还可以揭示这些资源如何通过特定的结构安排服务于话语的交际目的。因此，本书的这一理论综合框架有助于更系统地研究话语结构与评价资源的互动关系，阐明态度资源的分布如何与语类结构共同作用，形成特定的交际效果，能够为不同语类的态度研究提供有效的分析路径。

第四章

外交部发言人"一带一路"话语语类结构分析

第四篇

话语"部一带一"入言战略文化

中国"一带一路"官方话语对外传播研究

A Communication Study of China's Official Discourse
on the Belt and Road Initiative

　　本章将关注外交部发言人"一带一路"话语的语类结构潜势。如前所述，本研究选取的是 2018 年 1 月至 2022 年 8 月例行记者会上，华春莹、陆慷、耿爽、赵立坚和汪文斌五位外交部发言人涉及共建"一带一路"倡议的 164 篇发言的英文版译文。本章将通过定量和定性分析，展现该语类的语类结构潜势。

一、发言人话语结构成分与交际目的

　　外交部发言人"一带一路"话语语类结构是一个相对崭新的探索领域，不过，其他学者的同类研究成果已经给了我们许多参考。比如，怀特（1998）把新闻语篇结构分为五个部分：开篇、详述、解释、背景和评论。在过往研究的基础上，我们对外交部发言人"一带一路"话语进行了深入研究。结果表明，"一带一路"话语包含背景、解释、评论、期望和建议等五个结构成分。

（一）背景/Background（B）

　　背景指中方外交部发言人听到记者所提的国际焦点问题后，对该事件之外的其他类似事件或相关事件进行事实回顾、罗列，旨在为中方的立场、观点陈述给出依据支撑（见例4-1、例4-2）。

例4-1：You have seen that in recent years, on the basis of mutual respect and equal treatment, China and the Maldives have promoted cooperation in infrastructure and livelihood projects such as bridges, airports and housing, which has played a positive role in promoting the Maldives' economic transformation and upgrading and the improvement of its people's living conditions.（华春莹，2018-12-28）

在例4-1中，记者先谈及马尔代夫外长阿卜杜拉·沙希德在接受专访时积极评价并愿意继续开展中马两国在"一带一路"框架下的合作，随后询问中方对马尔代夫外长这一发言有怎样的评论。面对这个提问，外交部发言人华春莹指出，近年来，中马两国在"一带一路"框架下的合作成果体现在桥梁、机场和住房等基础设施建设和改善民生方面，而这些在相互尊重、平等相待的理念指引下所达成的项目不仅改善了当地居民的生活条件，更是促进了马尔代夫的经济转型升级。外交部发言人对这些相关过往事项的补充，使得中马两国基于"一带一路"倡议上的已有往来更为具体，未来合作更为光明，进而为中方的积极回应增添事实依据。

例4-2：In May 2017, as you may remember, the first Belt and Road Forum for International Cooperation was held successfully in

Beijing which drew guests from more than 140 countries and over 80 international organizations and had very extensive and positive international influence. By the end of 2018, 269 of the 279 outcomes of the first BRF, or 96.4% of the total, have been realized or turned into routine work. The remaining 10 outcomes are being implemented.（华春莹，2019-01-24）

　　在例 4-2 中，记者所提及的事件为众多国家领导人和官员在 2019 年达沃斯世界经济论坛年会期间参加了"一带一路"对话会，并积极评价了"一带一路"倡议。对此，外交部发言人华春莹补充了 2017 年首届"一带一路"国际合作高峰论坛这一同类事件的相关信息。通过指出 2017 年"一带一路"国际合作高峰论坛的与会国家超过 140 个、与会国际组织超过 80 个以及该论坛的 279 项成果中有 269 项在 2018 年底已实现或转化为日常工作，华春莹清晰展现了与记者提问事件类似的过往会议所带来的正面国际效应，而这一过往事实的罗列一方面能为中方坚信"一带一路"倡议为推动全球治理体系变革和经济全球化做出了中国贡献的观点提供事实依据，增强说服力；另一方面也能够有效对外宣传"一带一路"倡议，增进受众对"一带一路"倡议发展进程的了解。

（二）解释 /Explanation（E）

　　解释指中方外交部发言人针对记者提问的国际焦点问题本身，给出该事件发生的原因、当前状况、参与人士的发言等客观信息，通过这些阐释性说明有效消除目标群众的疑问和顾虑（见例 4-3、例 4-4）。

例 4-3：In August this year, the China-Europe freight trains have maintained strong growth. The trips made and the volume of goods delivered were 1247 and 110,000 TEUs respectively, up by 62 percent and 66 percent year on year, and the fully loaded container ratio reached 98.5 percent, hitting a new record.（赵立坚，2020-09-10）

在例 4-3 中，记者询问中方发言人对于 2020 年 8 月份中欧班列实现去程、回程开行列数、发送量的均衡增长，且同比增幅均在 60% 以上这一情况有何评论。在回答中，外交部发言人赵立坚详细列举了以下信息：8 月份中欧班列的开行列数达到 1247 列，与去年同期相比增长 62%，货物运送数量达到 110000 标准箱，与去年同期相比增长 66%，综合重箱率为 98.5%。在这些具体数字的帮助下，中方不但能清晰验证 "一带一路" 上的 "钢铁驼队" 当前运行状况的良好程度，还能为中国坚持推进中欧班列的立场做出有效支撑。

例 4-4：On December 24, Chairman of China's National Development and Reform Commission He Lifeng and Cuban Deputy Prime Minister Ricardo Cabrisas signed the cooperation plan between the Chinese government and the Cuban government on jointly promoting the construction of the Belt and Road Initiative（BRI）. This document is an implementation mechanism of the memorandum of understanding on BRI signed by the two countries in 2018. It clearly identifies several cooperation projects that align with Cuba's development plans as key cooperation areas and contents in BRI cooperation.（赵立坚，2021-12-27）

在例 4-4 中，记者询问的是 2021 年 12 月 24 日中国政府同古巴政府签署共同推进"一带一路"建设的合作规划相关情况。对此，外交部发言人赵立坚清晰阐述了签署该合作规划的中方人员和古方人员分别为中国国家发展和改革委员会主任何立峰和古巴副总理卡布里萨斯（Ricardo Cabrisas），详细说明了推行该合作规划的原因，即三年前中国与古巴已签署《关于共同推进"一带一路"建设的谅解备忘录》，该规划正是在该备忘录指引下的中古合作具体准则和相应制度，同时明确指出了该合作规划中的重点合作领域和内容符合古巴自身发展方向。通过罗列这些直接相关的情况，外交部发言人能够有效解答目标群众对于中国政府同古巴政府签署共同推进"一带一路"建设的合作规划的一些疑惑，并进一步加强"一带一路"倡议的对外宣传。

（三）评论/Comment（C）

评论指中方外交部发言人对于记者所提国际焦点问题本身的点评，即中方对该事件的态度、立场以及该事件真假、是非、利弊、意义、重要性等主观表述，意在展现中国的坚定立场、捍卫中国的正当权益、反击他国的不当言行（见例4-5、例4-6）。

例4-5：We highly applaud Pakistan's positive remarks on the China-Pakistan Economic Corridor.（汪文斌，2020-11-04）

在例4-5中，记者转述了包括巴基斯坦新闻部长在内的一些巴方政要和官员对中巴经济走廊所作出的积极评价，并询问中方对此有怎样的回应。看到巴基斯坦珍惜且认可中巴一直以来的合作，尤其是在"一带一路"倡议指引下的携手并进，外交部发言人汪文斌明确表达了对于巴方表态的强烈肯定。通过这一点评，中巴友谊的牢不可破再次得到官方验证与转达。

例4-6：The media report you cited saying no new project has been approved over the past three years and a half is pure disinformation.（赵立坚，2022-01-20）

在例4-6中，记者提到了巴基斯坦媒体涉及"一带一路"倡议的报道，该报道称中巴经济走廊的建设在过去三年半时间里明显放缓。对此，外交部发言人赵立坚直接做出点评，从项目参与者的角度明确否认了这一消息的真实性，凸显出中方对中巴经济走廊建设这一"一带一路"倡议样板工程和旗舰项目仍在积极推进中的自信与确认。

（四）期望/Anticipation（A）

期望指中方外交部发言人对于中国政府未来的外交意愿、方向、决心和信念等事项的表达，旨在从更广的层面展现中国的外交态度和国家实力（见例4-7、例4-8）。

例4-7：China stands ready to work with all parties including France to follow the principle of extensive consultation, joint contribution and shared benefits and steadily advance the Belt and Road Initiative so as to create more opportunities for the development of countries around the world and the global economic growth and usher in a brighter prospect for different civilizations to flourish altogether.（陆慷，2018-01-09）

在例4-7中，记者转述了法国总统马克龙对于"一带一路"倡议的表态，并询问中方对此有何看法。面对法国政府认为"一带一路"倡议在促进欧洲与亚洲的文化、经济和政治交流上意义非凡，并且法国愿意与中国携手共进的态度，外交部发言人陆慷借此机会表达了中国期待与法国在内的各个国家继续在"一带一路"倡议的框架下进行全方位、多领域合作的外交意愿，进而传达出中国有能力让"一带一路"建设惠及更多国家的信息。

例4-8：Following the principle of consultation and cooperation for shared benefits, China will continue working with BRI partners to pursue open, green and clean cooperation and high-standard and sustainable development that benefits the people. （汪文斌，2020-11-05）

在例 4-8 中，记者询问的是在新冠疫情仍在全球蔓延的形势下"一带一路"国际合作的进展。对此，外交部发言人汪文斌在回应中提到了中方不会放弃推进"一带一路"国际合作，而是会继续秉持共商共建共享、开放绿色廉洁、高标准、惠民生、可持续的原则为各国人民带来更多实实在在好处的外交决心，以展现中国作为抗击新冠疫情的经验国之一，拥有和各国一起共渡难关的责任与信心。

（五）建议/Suggestion（S）

建议指中方对于他国政府、机构和群体等国外对象，今后可以采取或需要采取的措施、态度等方面的发言，意在强硬反击他国人士损害中国权益甚至挑衅中国底线的不当言行，强化中国的坚定立场（见例 4-9、例 4-10）。

例 4-9：We urge Australia to set aside cold war mentality and ideological bias, view the bilateral cooperation in an objective and rational light, immediately redress mistakes and change course, refrain from going down the wrong path further, and avoid making the already seriously difficult China-Australia relations worse. （汪文斌，2021-04-22）

在例4-9中，记者所述事件为澳大利亚取消了维多利亚州政府同中方签署的"一带一路"合作协议。面对这一无理行为，外交部发言人汪文斌正告澳方悬崖勒马、摒弃意识形态偏见，这让世界各国再次看见中国反对肆意干扰破坏两国正常交流合作、严重损害两国关系和两国互信行为上的强硬态度。

例4-10：We hope the US will take concrete actions to earnestly boost common development and revitalization of all.（汪文斌，2021-11-09）

在例4-10中，记者谈及美国政府计划最快于2022年1月启动一个名为"重建更美好世界"的全球基础设施计划，以抗衡中国的"一带一路"倡议，并就此打探中国的回应。对此，中国外交部发言人汪文斌明确提出了美方真正需要关注并实施的外交事项，不是如何勾心斗角、取代他者，而是付诸实际行动去搭建世界各国互利共赢的坚实桥梁，而这进一步凸显出中国对各国合作倡议之间封闭排挤的不认可。

二、发言人话语成分出现顺序与频率

在详细解释外交部发言人"一带一路"话语的背景、解释、评论、期望和建议这五个结构成分后，其出现顺序和频率是本章下一步要探讨的内容。我们随机抽取语料中20篇外交部发言人涉及"一带一路"倡议的发言,各篇的结构成分出现顺序详见表4-1。

表4-1 20篇外交部发言人"一带一路"话语语料的语类结构

语篇编号	时间	语篇结构
1	April 25, 2018	B^E^C
2	June 14, 2018	C^B^A
3	September 14, 2018	B^A
4	December 28, 2018	C^B^A
5	March 29, 2019	C^A^E^B^C
6	June 27, 2019	B^S^C^B^S
7	July 25, 2019	B^E^A^E^A
8	November 4, 2019	E^C^B^A
9	February 11, 2020	C^B^A
10	May 25, 2020	B^S^C
11	July 7, 2020	C^B^A
12	August 27, 2020	B^S
13	October 13, 2020	C^B^C
14	December 16, 2020	C^B^E^A
15	February 19, 2021	B^A
16	April 23, 2021	C^B^C^S
17	July 6, 2021	C^B^A
18	September 28, 2021	E^B^A
19	November 9, 2021	B^C^S
20	January 20, 2022	B^E^C^B

图4-1为各结构成分在20篇语料中的出现频率。同时,为了后续正确分辨必要成分和可选成分,当某一成分在同一语篇中重复出现时,只计此成分出现1次。

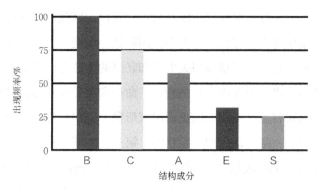

图 4-1 20篇外交部发言人"一带一路"话语语料各结构成分的出现频率

基于对表 4-1 和图 4-1 的数据分析，我们可以发现，在外交部发言人"一带一路"话语语篇中，各成分的出现频率从高到低依次为：B（100%）、C（75%）、A（60%）、E（35%）、S（25%）。由此可见，出现频率为 100%的背景是该语类的必要成分，而出现频率低于 100%的评论、解释、期望和建议这四者为可选成分。

结合语料和现实情况来看，背景成分一定会出现在外交部发言人"一带一路"话语中的原因至少有三点：第一，发言需要有理有据。从古代的社会治理，到现代的思想政治工作，以理服人已然融入中国人的血脉（殷玲玲、李辉，2015）。因此，外交部发言人会在发言过程中提及与"一带一路"倡议相关或类似的历史事件，用这些事实为中方的回应提供依据，增强逻辑性和连续性，进而促进目标群众对于中方立场的理解和认同。第二，"一带一路"倡议需要宣传。在国际领域意识形态形势日趋复杂，国际话语格局仍然是"西强我弱"的状态下（赵思童，2022），包含"一带一路"倡议在内的外宣工作不容忽视，而外交部例行记者会正是中国政府对外宣传的一大重要窗口。因此，外交部发言人需要抓住这个良好机会，多多向国际社会展现"一带一路"倡议的成果、效益、规划等相关事项和旺盛的生命力，吸引更多国家来共同构建一个互惠互利的利益、命运和责任共同体，进而维护中国国家利益，构建中国正面国家形象，这些都符合外交部发言人"一带一路"话语的交际目的。第三，不便回答的记者提问需要闪避。正如威尔逊（1990：131）所说，"新闻记者往往善于提出精辟性问题，而政治家则以闪避回答这些问题而著称"。在外交场合，每一个细微的举动都可能牵一发而动全身，因而对于暂时不便回答的记者提问，外交部发言人有时会通过回顾"一带一路"倡议相关背景信息来适度转移话题，同时展现对记者的尊重，毕竟中国一直都是礼仪之邦，直接对他人的询问置之不理并不符合中华民族以礼相待的传统美德。

而评论、解释、期望和建议这四个成分作为可选成分出现，也有各自的原因。评论的出现频率为75%，频率位于四个可选成分中的首位。外交部发言人之所以没有次次展现对于提问事件本身的评论，是因为外交部例行记者会是一个面向广大国内外主流媒体的外交场合，中方发言人作为中国政府的代表必须谨言慎行，以进行对本国正面形象的保护、传播和加固。再者，部分记者所提问题有时是避重就轻，有时是道听途说，有时甚至是胡编乱造，而外交部发言人也无法提前知晓所有与中方相关的最新消息，因而对于这些不清晰、不完整、甚至不存在的事情，在未经过详情确认的情况下直接做出回应自然不是最佳方法。但是，这种情况毕竟少有。近年来,中国外交部发言人对显性评价和正面回应的使用倾向逐渐明显(范武邱、王昱,2021),因此,多数情况下,外交部发言人还是会抓住这一对外宣传的良好时机,展现中国的坚定立场,捍卫中国的正当权益,反击他国的不当言行。

期望的出现频率为60%,频率位于四个可选成分中的次位。例行记者会是中方外交部发言人表达中国政府未来的外交意愿、方向、决心和信念等事项的良好时机。但鉴于时间有限,以及部分提问不怀好意甚至挑衅中方等因素,有时发言人需要放弃对期望的表达,把注意力放在过往事实阐述和立场观点表达等方面。不过,发言人还是会适时表达期望,向世界传达出中国有意愿也有能力让共建"一带一路"惠及更多国家,进而推动建设人类命运共同体的信息。

解释的出现频率为35%,频率位于四个可选成分中的第三位。外交部发言人不进行解释的原因包括但不限于以下两点:第一,记者所提事件根本不存在;第二,中方暂不知晓或无法获取清晰的有关他国的政策安排或他国人员的发言的信息。但只要记者所问之事是真实发生过、真实存在的事情,尤其是中国主导的相关事项,那么中方外交部发言人便会向记者阐明相关信息,从而在维护国家利益的同时做好"一带一路"倡议的对外宣传,正确引导国际社会更全面、更深入地了解中国。

建议出现频率最低,为25%。中国人自古以来讲求含蓄、克制,并且,新中国成立以来,中国一贯奉行独立自主的和平外交政策，因此，中方向他国政府、机构和群体等国外对象发出今后可以采取或需要采取的措施、态度等方面的言论还是比较少见的。但是，随着国际形势的变化以及中国长期外交经验的积累，中国越来越愿意更多地向世界展现自己的想法，也越来越敢于强硬回复他国人士挑衅中国的不当发言与做法。

　　此外，表 4-1 和图 4-1 还显示出背景、评论、解释、期望和建议五个结构成分在排列顺序及重复率上的特点，前者显示为每个结构成分的排列顺序多种多样、无固定的前后者搭配，后者显示为每一成分都有可能在一个语篇中重复出现。中国外交部发言人是随机抽取记者进行现场提问后进行实时回答的。不同的外交部发言人有不同的语言习惯，即使是同一位发言人，其现场反应也会因为对象、时间和事件等各方面因素而有所改变。此外，外交部发言人的回应展示了中国政府在近期涉及"一带一路"倡议的国际焦点问题上的立场以及中国外交工作的现状，其随机应变的高效发言有助于增强语言的趣味性，唤起目标群众的倾听兴趣，从而在维护国家利益的同时做好"一带一路"倡议的对外宣传。

三、发言人话语语类结构潜势

　　基于上述数据统计与分析，外交部发言人"一带一路"话语的语类结构潜势可以总结为：$B^{\hat{}} \cdot (C^{\hat{}} \cdot)(E^{\hat{}} \cdot)(A^{\hat{}} \cdot)(S^{\hat{}} \cdot)$。这里的英文字母是各个成分的缩写，具体来说，B 代表背景，C

代表评论，E代表解释，A代表期望，S代表建议。此外，带 "（ ）"
的成分为可选成分，不带的则为必要成分，"⌒" 表示该成分可以
重复出现，"·" 表示其左右的成分位置可以互换。换言之，中国
外交部发言人在例行记者会上给出 "一带一路" 倡议相关回答
时，每一次必定介绍背景，但不一定给出评论、解释、期望或建
议。此外，这五个结构成分均无固定的前后者搭配，但均有重复
出现的可能。

四、发言人话语语类结构定性分析

前面几节的举例意在展现每个结构成分单独出现时的性质和
作用，而本节将用实例阐明一个完整语篇中的各个结构成分如何
彼此影响，从而实现共同的交际目的。接下来我们将随机抽取两
个完整表态的语篇，并分别对其语篇结构进行分析。

语篇Ⅰ是外交部发言人汪文斌于 2021 年 4 月 22 日，针对中
央广播电视总台记者的提问所作出的回应。该记者指出，澳大利
亚外交部长佩恩宣称澳方之所以取消 "一带一路" 合作协议，是
因为它不符合澳外交政策，并非针对任何特定国家。对此，该记
者想获悉中方对于澳方发言及中澳关系下一步走向的看法。针对
该问题的完整回答如下：

语篇Ⅰ

[B] I'd like to point out some facts. Australia reviewed over 1,000 agreements and decided to cancel four, among which two agreements are signed with China.

[C] The claim that this decision is not aimed at any country does not hold water.

[B] Australia did a lot to disrupt normal exchanges and cooperation between the two countries and poison the mutual trust and popular atmosphere under the ambiguous and baseless pretexts of "inconsistency with Australia's foreign policy"and"inconsistency with Australia's national security".

[C] I want to point out that Australia's political manipulation and unreasonable behavior contravenes the spirit of the China-Australia comprehensive strategic partnership. This back-pedalling is vile in nature. It gravely dampens the confidence for cooperation of localities and companies, and undermines Australia's reputation and credibility.

[B] China always holds that a sound and stable relationship serves the fundamental interests of the two peoples. Australia says it hopes to cooperate with China and strengthen high-level dialogue. However, what it did is quite the opposite. The Australian side undermined the bilateral relations time and again.

[C] What it did this time is another testimony that Australia lacks the basic sincerity for improving the ties.

[S] We urge Australia one more time to revoke the wrong decision and change course immediately, stop irresponsible moves, and avoid imposing groundless restrictions on normal exchanges and cooperation between the two countries. Otherwise, China will resolutely take strong reactions.（汪文斌，2021-04-22）

　　语篇I的语类结构为B^C^B^C^B^C^S。背景部分（B）在该语篇中出现了三次。第一次，汪文斌列举了澳大利亚方在撤销协议方面的过往事实，即澳方在1000多项协议中只撤销了4项，但所撤协议中涉及中方的就有2项，意在让与会记者明确知晓澳方对中方有过不公正对待。第二次，汪文斌指出，近年来中澳政府和中澳民众的正常往来、互利互信频繁受到严重破坏，而作为挑事者的澳方，反复以澳外交政策、澳安全利益这类虚无缥缈的说辞为自己的不当行为打掩护。这些过往事例促使中方警惕澳方的所作所为。第三次，中方和澳方在维持中澳关系上一贯截然不同的做法得到了展现。中方坚持维护中澳两国人民的根本利益，避免让中澳关系陷入不健康、不稳定的状态。反观澳方，表面笑脸相迎，实则暗里放箭。上述先发事件都与澳方无理撤销 "一带一路" 合作协议相关，这不仅为中方的发言，尤其是对提问事件的评论，增添了依据性、逻辑性和连续性，也更有助于让与会记者理解与认同中方不信任澳方说辞、强烈谴责澳方的政治操弄和无理行径的态度。

　　评论部分（C）也在语篇I中出现了三次，并且每次都在背景后。第一个评论接在澳方在撤销协议方面的过往事实的陈述之后，直接点明了中方对澳大利亚外交部长佩恩此次发言的态度，即中方完全不相信澳方在处理协议时平等相待各国的说辞。第二个评论承接于澳方近年来频繁以虚无缥缈的理由，如澳外交政策、澳安全利益等表述后，为破坏两国互信和民意氛围的不当行为打掩护这一过往事实。评论明确指出了中方视角下澳方此番行为的性质和恶劣影响。澳方这些行为是不公正、不公平的，它不仅极大损害了澳方自身的形象与信誉，还严重打击了两国政府间和民众间的合作信心，完全违背了中澳全面战略伙伴关系精神。第三个评论则紧随着中方和澳方在维持两国关系上截然不同的过往做法的陈述。中方认为澳方此次取消"一带一路"合作协议的无理行为，再一次展现了澳方在改善两国关系上说一套做一套的固有套路。外交部发言人给出上述针对澳方发言及中澳关系下步走向的评论，旨在展现中方对澳方说辞的不信任感、对澳方无理的政治操弄的强烈谴责和对中国合法权益的坚定捍卫。

建议部分（S）出现在语篇的末尾。针对澳方此次取消"一带一路"合作协议的无理行为，汪文斌代表中国政府正告澳方，摒弃意识形态偏见，立即悬崖勒马、停止严重损害中澳关系和正常合作交流的无理言行，避免在错误的道路上越走越远，同时也明确指出，澳方如果继续一意孤行，必将迎来中方的坚决反击。基于之前丰富的背景铺垫和评论阐述，这一严肃建议能够更好地收尾发言，进一步凸显中方的坚定态度，即反对肆意干扰破坏两国正常交流合作、严重损害两国关系和两国互信行为，同时也让包括澳方在内的世界各国感受到中国不惹事但也不怕事的实力与精神。

综上所述，罗列了澳方过往决定的背景部分是整个回答的开端，紧跟其后的评论部分给出了中方的立场。毫无疑问，这一搭配使得中方在阐释观点时有理有据。随后，该搭配又出现了两次，在巩固中方立场的同时为发言人的最终陈述即建议部分做好铺垫。作为最后一个结构成分，该建议部分不仅明确强调了澳方与中方合作时应该采取的正确措施，也与先前各成分所传达的信息相呼应。这三类成分之间的互动，成功引导目标群众意识到中方不接受澳方的借口、谴责澳方的无理行为并坚定捍卫中国的合法权益。

语篇II是外交部发言人汪文斌在 2021 年 9 月 7 日，针对巴通社记者的提问所作出的回应。该记者提及中巴经济走廊框架下的首个也是最大的输电项目上周在巴启动商业运营，并就此询问中方的评论。针对该问题的完整回答如下：

语篇II

[E] I think you were referring to the first power transmission project under CPEC, the Matiari to Lahore ±660kV（HVDC）High Voltage Direct Current Transmission Line Project in Pakistan. I need relevant reports.

[B] As an important pilot project of the Belt and Road Initiative, CPEC has made significant progress in various sectors including energy since its launch. This has not only vigorously boosted Pakistan's faster economic and social development, but also played a positive role in promoting regional connectivity.

[B] I'd like to stress that the BRI came from China, but it creates opportunities and benefits for all countries in the world. To date, over 140 partner countries have signed BRI cooperation documents with China. The BRI has truly become the world's broadest-based and largest platform for international cooperation.

[A] China is ready to join hands with Pakistan and other countries to continue our high-quality BRI cooperation to generate more opportunities and dividends for all.（汪文斌，2021-09-07）

语篇 II 的语类结构为 E^B^B^A。解释部分（E）位于发言开头，它介绍了记者所提项目的基本信息，即这条能源动脉将穿越巴基斯坦默蒂亚里和拉合尔两个"经济大省"，进行正负 660 千伏直流输电。通过阐述这些信息，汪文斌既核对了提问者所提事项，也解答了不太了解该输电项目的记者们的疑惑，让大家更为清晰地知晓中巴经济走廊这一共建"一带一路"的样板工程里的具体能源建设项目。

背景部分（B）衔接于解释之后。汪文斌先回顾了中巴经济走廊给巴基斯坦带去的诸多正面效应，即基于该"一带一路"倡议重要先行先试项目的顺利实行，巴基斯坦近年来在经济发展、社会发展以及区域互联互通等层面的提升都有目共睹。随后，汪文斌补充了"一带一路"倡议在国际舞台上大放光彩并惠及世界各国的过往事实。截至 2021 年 9 月 7 日，超过 140 个国家已经加入"一带一路"大家庭并从中获得大量机遇和成果，而"一带一路"

已经成为当今世界范围最广、规模最大的国际合作平台。以上所罗列的数据和回顾的事实，都发生在巴通社记者所提的巴基斯坦输电项目启动之前并为输电项目的成功推行作了铺垫，而这些阐述不仅旨在展现牢不可破的中巴友谊，也意在精准凸显包括中巴经济走廊在内的"一带一路"建设工作对世界各国而言的实用性和重要性，进而为"一带一路"倡议做出有理有据的对外宣传。

最后出现了期望（A）的表达。汪文斌在此处的发言表明，未来中方依然欢迎巴方在内的世界各国在"一带一路"倡议的框架下与中国进行更多全方位、多领域合作，而中国也一直为此做着充足的准备。作为发言的收尾，这一期望有助于呈现中国对于"一带一路"建设中的机遇和红利惠及更多国家的意愿、能力和信心。

综上所述，此次回答以解释部分作为开端，详细说明了提问者所问项目。随后出现的背景部分回顾了"一带一路"倡议所带来的成果，而作为结尾的期望部分则传达了中国的外交决心。换言之，在解释部分吸引目标群众的注意后，背景部分和期望部分引领大家切换关注点，将其从中巴经济走廊下的一个具体项目拓宽至"一带一路"合作及多方关系。这三类成分之间的互动，成功引导目标群众意识到中国对巴基斯坦的全力支持以及"一带一路"建设的可行性和重要性。

总而言之，外交部发言人"一带一路"话语主要阐述涉及"一带一路"倡议的相关事实，展现中方的立场、期望和建议，旨在更好地向世界宣传"一带一路"倡议，表达中国对"一带一路"倡议相关国际焦点问题的看法以及中方一贯的外交原则和政策。鉴于拥有共同目的的语篇理应具有相似的结构布局，从语类结构潜势理论对外交部发言人"一带一路"话语进行研究是合理的、可行的。本章的研究不仅能指引从事"一带一路"建设的中外相关人士正确解读中国外交部发言人话语中的信息及交际目的，还有助于生动揭示中国在与世界交流中的身份建构与磋商过程。

基于本章内容，下一章将从态度系统出发，探索态度资源在外交部发言人"一带一路"话语的背景、评论、期望、解释和建议五个结构成分中具有的分布特点和人际意义。

第五章

外交部发言人"一带一路"话语
态度资源分析

中国"一带一路"官方话语对外传播研究

A Communication Study of China's Official Discourse
on the Belt and Road Initiative

　　本章将基于第四章的研究成果，即在外交部发言人"一带一路"话语语类结构的基础上，对该话语的态度资源分布特征和人际意义进行定量和定性分析。

一、发言人话语态度资源总体分布

　　表 5-1 为态度资源在外交部发言人"一带一路"话语中的分布状况。表 5-1 的数据显示，从整体分布上看，外交部发言人"一带一路"话语中的态度资源占比从高到低依次为：鉴赏资源（62.80%）、判断资源（23.37%）、情感资源（13.83%），其中以鉴赏资源中的构成（29.38%）和价值（28.35%）这两类最为明显。由此可见，外交部发言人"一带一路"话语并不是夸夸其谈的自我说辞，而是带有感情色彩却依然较为客观、理性的评价表述。

表5-1 外交部发言人"一带一路"话语态度资源分布

态度资源		外交部发言人"一带一路"话语											
		背景部分		解释部分		评论部分		期望部分		建议部分		总计	
		数量	比例/%	数量	比例/%	数量	比例/%	数量	比例/%	数量	比例/%	数量	比例/%
情感	高兴	3	0.39	0	0.00	5	1.43	1	0.25	3	1.97	12	0.59
	满意	65	8.53	35	9.51	43	12.29	48	12.00	18	11.85	209	10.29
	安全	7	0.92	7	1.90	30	8.57	7	1.75	9	5.92	60	2.95
	合计	75	9.84	42	11.41	78	22.29	56	14.00	30	19.74	281	13.83
判断	规范性	5	0.66	1	0.27	1	0.28	0	0.00	1	0.65	8	0.39
	能力性	56	7.35	44	11.96	8	2.29	12	3.00	7	4.61	127	6.25
	毅力性	55	7.22	38	10.33	8	2.29	115	28.75	4	2.63	220	10.83
	得体性	26	3.41	4	1.08	32	9.14	4	1.00	34	22.37	100	4.92
	真实性	2	0.26	5	1.36	6	1.71	1	0.25	6	3.95	20	0.98
	合计	144	18.90	92	25.00	55	15.71	132	33.00	52	34.21	475	23.37
鉴赏	反应	44	5.78	11	2.99	19	5.42	28	7.00	1	0.65	103	5.07
	构成	260	34.12	125	33.97	64	18.29	108	27.00	40	26.32	597	29.38
	价值	239	31.36	98	26.63	134	38.29	76	19.00	29	19.08	576	28.35
	合计	543	71.26	234	63.59	217	62.00	212	53.00	70	46.05	1276	62.80
总计		762	100.00	368	100.00	350	100.00	400	100.00	152	100.00	2032	100.00

此外，三类态度资源在五个结构成分中的分布也各有特色。情感资源最常出现于评论部分（22.29%），判断资源最常出现于建议部分（34.21%），鉴赏资源则最常出现于背景部分（71.26%）。

为了进一步比较外交部发言人"一带一路"话语各个部分的

主观倾向，我们也统计了态度类词语这一带有感情色彩的表述在外交部发言人"一带一路"话语五个部分中的出现频率，结果如表 5-2 所示。

表 5-2　外交部发言人"一带一路"话语各部分态度资源的出现频率

结构成分	态度资源数	总词数	出现频率 /%
背景部分	762	16233	4.69
解释部分	368	5745	6.41
评论部分	350	5400	6.48
期望部分	400	4621	8.66
建议部分	152	1431	10.62
总计	2032	33430	6.08

由表 5-2 可知，态度资源在外交部发言人"一带一路"话语五个部分之间的分布差异明显，态度资源出现频率从高到低依次为：建议部分（10.62%）、期望部分（8.66%）、评论部分（6.48%）、解释部分（6.41%）、背景部分（4.69%）。由此可见，外交部发言人"一带一路"话语中主观倾向最为突出的当属建议部分。正如第四章所说，建议指的是外交部发言人"一带一路"话语里涉及他国政府、机构和群体等国外对象与中方往来时需要采取的正确措施和正确态度的部分，通常意在强硬反击他国人士损害中国权益甚至挑衅中国底线的不当言行。因此，中方如果想要给予图谋不轨的他国人士沉重一击，明确展现中国的坚定立场，有效捍卫中国的正当权益，最有必要也最有效的选择正是在建议部分高频率使用涉及中方主观倾向的表述。

综上所述，外交部发言人"一带一路"话语的态度资源在使用频率上呈现出"鉴赏资源>判断资源>情感资源"的特点，并且态度资源在话语的五个结构成分中的分布也各具特色。接下来我们将从外交部发言人"一带一路"话语的五个结构成分出发，分析态度资源更为具体的分布特点，讨论中国外交部发言人是如何通过态度系统在维护国家利益的同时做好"一带一路"倡议的对外宣传的。

二、各部分的态度资源

（一）背景部分的态度资源

作为外交部发言人"一带一路"话语中唯一的必要成分，背景指外交部发言人听到记者提出的国际焦点问题后，对该事件之外的其他类似事件或相关事件进行事实回顾、罗列，旨在为中方的立场、观点陈述给出依据支撑。表 5-1 的数据显示，鉴赏资源中的构成（34.12%）和价值（31.36%）在背景部分表现出鲜明的特征，并且与其他四部分相比，背景部分拥有最高比例的构成资源。

由于构成强调的是人对事物的感知（Martin & White，2005），外交部发言人"一带一路"话语背景部分的构成结合了客观要素的评价，而客观要素涉及"一带一路"倡议自身原则、具体项目的内容成果以及各参与国的状况等。虽然其中有 4 个构成（landlocked，impeded，imbalance，weakened）传达出有时"一带一路"国际合作项目的落实并不容易的信息，但剩余的 254 个构成，如 global，sustainable，open and inclusive，economic and social，over 600 million 等表述，都展出"一带一路"参与国尤其是中方对于"一带一路"相关要素的正面评价（见例 5-1 至例 5-3）。

例 5-1：As an open and inclusive initiative [+构成], the Belt and Road Initiative follows the principle of extensive consultation, joint contribution and shared benefits [+构成].（耿爽，2018-05-09）

在回答中日两国拟设立"一带一路"官民协议会这一新闻报道的真实性时，外交部发言人耿爽给出了例 5-1 中的这一背景信息。在此，外交部发言人运用鉴赏资源中的构成来正面评价"一带一路"倡议的性质和原则，前者体现为开放包容，后者体现为各方参与者一起商讨、建设并获益。在该语境中，构成资源指引目标群众认清"一带一路"倡议是面向所有志同道合的国家的方案，并且"一带一路"倡议遵循共商共建共享的原则。

例 5-2：The Belt and Road Initiative is <u>an economic cooperation initiative</u> [+构成].（赵立坚，2020-05-25）

在例 5-2 中，记者就澳大利亚内政部长等官员指责澳维多利亚州与中方签署"一带一路"协议缺乏透明度，共产主义政权的价值观与澳大利亚的不同，询问中方有何回应。这一背景成分中的评价（an economic cooperation initiative）聚焦于 "一带一路" 倡议的内涵。外交部发言人赵立坚从构成这一鉴赏角度正面点评 "一带一路" 倡议，认为该倡议是一个合作发展理念，并且其重心在于经济这一层面。这间接证明澳方个别政客的指责是站不住脚的，并为各方人士了解 "一带一路" 倡议提供又一个契机。

例 5-3：According to the latest figure from China's Ministry of Commerce, in the first five months of this year, China's non-financial direct investment in countries along the Belt and Road reached 7.43 billion dollars, a year-on-year increase of 13.8% [+构成]. （赵立坚，2021-06-22）

在例 5-3 中，记者提及 2021 年是中欧班列开行的第十年，故而想知晓中方如何看待未来同共建 "一带一路" 国家互利共赢的前景。在回答的背景部分里，外交部发言人赵立坚借助鉴赏资源中的构成，让目标群众将注意力集中在 "一带一路" 建设具体项目的过往成果上，其中包括中国 2021 年 1 月至 5 月在共建 "一带一路" 国家非金融类直接投资额超过了 74 亿美元，同比增长 13.8%。在这些构成资源的支撑下，发言人的回答显得更为切实，包括中欧班列在内的 "一带一路" 建设的强大韧性和旺盛活力也得到了进一步彰显。

价值则是继构成之后，外交部发言人 "一带一路" 话语背景部分第二重要的态度资源。和构成一样，积极的价值描述和消极

的价值描述在数量上的差异也十分显著，239 个价值中有 94.14%
为积极的价值描述，如 unique，opportunity，tangible benefit，an
important pilot program，plays a positive role，gives strong impetus
to 等，而这些都表明"一带一路"倡议在国际上有着广泛而深远
的影响，尤其是在参与国的社会发展和民众福祉等方面具有深远
效用（见例 5-4 至例 5-6）。

例 5-4：All this plays a positive role in boosting local economic
development, improving people's livelihood, and promoting regional
connectivity [+价值].（赵立坚，2021-07-06）

在例 5-4 中，记者陈述了多个发展项目于 2021 年 7 月 5 日在
瓜达尔港启动的事实，并想要获知中方对此事的看法。外交部发
言人赵立坚通过鉴赏资源中的价值，强调瓜达尔港的过往商业项
目不仅改善了瓜达尔港区域的经济情况和民生水平，还促进了巴
基斯坦国内各地区之间的联系以及巴基斯坦与他国的往来。这样
一来，瓜达尔港这一中巴经济走廊璀璨明珠的正面社会效用得到
了具体展现，各国人士对"一带一路"倡议尤其是中巴经济走廊
的认知也更上一层楼。

例 5-5：I'd like to stress that the BRI came from China, but it
creates opportunities and benefits for all countries in the world [+价
值].（汪文斌，2021-09-07）

在例 5-5 中，记者询问了中方对于中巴经济走廊首个电网项目在巴基斯坦正式启动商业运营一事的看法。鉴于中巴经济走廊是 "一带一路" 框架下的重要先行先试项目，外交部发言人汪文斌在上述这一背景部分中正面评价了 "一带一路" 倡议的优势，从价值这一社会鉴赏角度凸显该倡议意义非凡、为世界各国提供发展机遇与红利，以此来获取越来越多国家和地区对于 "一带一路" 合作的积极响应。

例 5-6：As <u>an important pilot project</u> [+价值] of the Belt and Road Initiative and <u>a key platform</u> [+价值] for all-weather cooperation between the two countries, the China-Pakistan Economic Corridor（CPEC）has entered <u>a new stage</u> [+价值] of high-quality development.（汪文斌，2022-01-04）

在例 5-6 中，记者提及 2022 年 1 月 3 日巴基斯坦总理伊姆兰·汗在伊斯兰堡启动巴中商业投资论坛，并询问中方如何看待巴基斯坦对于推动中国企业在巴投资所作出的决定。对此，外交部发言人汪文斌在回答中给出中巴经济走廊相关背景信息并对其做出评价。通过 "an important pilot project" 和 "a key platform" 这两个价值短语，中巴经济走廊被描绘成 "一带一路" 建设中不容忽视、不可替代的重要存在，另一价值短语 "a new stage" 也体现出中巴经济走廊发展有着众多新颖的内容进行支撑。很明显，这些鉴赏资源中的价值表述进一步彰显了中巴经济走廊的魅力。

　　总的来说，鉴赏资源中的构成和价值在背景部分占主导地位。背景部分是外交部发言人 "一带一路" 话语中的必要成分，因为他们需要有理有据地宣传 "一带一路" 的优势。构成和价值不仅关注 "一带一路" 建设相关内容的结构和性质等客观要素，而且包含了人的看法和观点。重点使用这两个态度资源能让背景部分显得更加理性和客观，却又不失真情实感，进而激起更多国家和国际组织加入 "一带一路" 建设的热情和决心。

（二）解释部分的态度资源

　　当记者提及 "一带一路" 建设具体项目时，外交部发言人会给出该事件发生的原因、当前状况、参与人士所作发言等客观信息，即借助阐释性说明有效消除目标群众对于 "一带一路" 合作规划的疑问和顾虑。正如表 5-1 所示，在解释这一部分中，最为突出的态度资源依然是鉴赏资源中的构成（33.97%）和价值（26.63%）。但是，put forth、launched、can、held、an important cooperation partner 等判断资源中的能力性表述在解释部分中的占比也不容忽视，它从背景部分的 7.35% 上升至解释部分的 11.96%，这说明 "一带一路" 建设参与者在创新、联通和协作等方面的实力有目共睹（见例 5-7 至例 5-9）。

　　例 5-7：They have also <u>put forth</u>［+能力性］constructive suggestions and proposals on macro-policy coordination, the development of practical projects and cooperation guarantee mechanism.（华春莹，2018-12-18）

在例 5-7 中，记者询问的是 "一带一路" 国际合作高峰论坛咨询委员会第一次会议相关内容。"put forth" 这一措辞属于判断资源中的能力性表述，它点明来自世界各地的政界、军界、商界和文学界等的委员们提供了众多促进 "一带一路" 合作的意见和建议，它们主要涉及宏观政策协调、务实项目建设以及合作机制保障等共建 "一带一路" 时必不可缺的核心层面。毫无疑问，包含了能力性评价的上述表达具体展现并充分肯定了 "一带一路" 国际合作高峰论坛咨询委员会委员们在推进 "一带一路" 建设平稳运行上的实力与贡献。

例 5-8：As for Kuwait's Silk City project, I want to say that Kuwait is <u>an important cooperation partner</u> [+能力性] for China in the Gulf region on the BRI cooperation.（耿爽，2019-03-29）

在例 5-8 中，外交部发言人耿爽面对的记者提问为，中方如何看待科威特政府目前大力投资兴建的 "丝绸城" 项目与 "一带一路" 建设之间的关系。在解释 "丝绸城" 项目时，耿爽运用判断资源中的能力性（an important cooperation partner）公开肯定了科威特政府促进海湾地区 "一带一路" 建设的才能，这在一定程度上能有效维系、加深并拓宽中国与科威特这位共建 "一带一路" 大家庭成员的合作，为共同建设中科命运共同体注入强劲动力。

例 5-9：Both sides also <u>launched</u> [+能力性] the feasibility study of a cross-border railway, which is major progress in linking the two countries by transportation despite difficult natural conditions. （耿爽，2019-10-14）

在例 5-9 中，记者谈及习近平主席在 2019 年 10 月 13 日结束了对尼泊尔的访问，而在访问期间中尼签署了合作文件并强调了"一带一路"倡议和多边合作。鉴于此，记者想要知晓中方对于此次访问成果的看法。对此，外交部发言人耿爽解释了具体的访问成果，其中之一就是中尼双方正式开始研究如何顺利铺设中尼跨境铁路，让尼泊尔从"陆锁国"变为"陆联国"。该句通过判断资源中的能力性（launched），正面评价了中尼双方政府在"一带一路"框架下加强基础设施联通的合作能力，以彰显中方高质量共建"一带一路"的决心、信心和能力，以及共建"一带一路"国家和地区建设立体互联互通网络的主动性和积极性。

同背景部分一样，旨在消除目标群众疑问和顾虑的解释部分也以鉴赏资源中的构成和价值为主要内容。不过，值得注意的是，在外交部发言人"一带一路"话语中的五个成分里，判断资源中的能力性在解释部分最为明显。能力性资源公开展现并认可了"一带一路"建设参与者的综合能力，尤其是他们在民生、基础设施建设和经济贸易等方面的创新、联通和协作能力，这有助于中方与世界各国在"一带一路"倡议的框架下提升全方位合作，实现共同发展和繁荣。

（三）评论部分的态度资源

外交部发言人 "一带一路" 话语中的评论，涉及中方对 "一带一路" 相关热点事件的态度、立场以及该事件真假、是非、利弊、意义、重要性等主观表述，意在展现中国捍卫本国正当权益、反击他国不当言行的坚定立场。表 5-1 的数据显示，评论部分的各类态度资源中，鉴赏资源中的价值（38.29%）仍然占据主导地位，同时，与其他部分的价值比例相比，它在评论部分占据的比例最高。此外，评论部分是外交部发言人 "一带一路" 话语五个结构成分里，唯一一个情感资源占比（22.29%）超过判断资源占比（15.71%）的成分，其中情感资源里满意和安全的比例均提升至自身出现频率最高点，前者达到 12.29%，后者达到 8.57%。评论部分的满意以传达积极态度的词组为主，以传达消极态度的词组为辅，前者包含 advocate, appreciate, commend, welcome, are willing to 等 38 个表述，用以传达在 "一带一路" 框架下顺利开展的互利合作给中方带来的成就感，而后者体现为 condemn, oppose, disagree with, strong dissatisfaction and firm opposition, not a single BRI partner country has agreed with 这 5 个表述，旨在清晰呈现中方因针对 "一带一路" 的无端指责和不实论调而产生的不悦情绪（见例 5-10 至例 5-15）。

例 5-10: The Chinese side highly appreciates [+满意] President Vladimir Putin's positive comments on the Belt and Road Initiative and Russia's active support [+满意] of and participation in building the Belt and Road Initiative.（陆慷，2018-10-19）

　　面对记者提出的俄罗斯总统普京欢迎中国朋友在"一带一路"倡议框架内开发北方海航道一事，外交部发言人陆慷给出了例 5-10 中的评论。该句中的"appreciates"和"support"同属于情感资源中表达满意的词，它们指引目标群众感受俄罗斯总统对于在共建"一带一路"框架下推进各领域务实合作的支持和珍惜，以及中方对于俄方上述表态的强烈肯定与真诚感谢。中俄双方对"一带一路"合作的认可也体现出两国是真诚互助、世代友好的战略合作伙伴。

　　例 5-11：We commend [+满意] these remarks made by the Malaysian side.（华春莹，2018-10-24）

　　在例 5-11 中，记者提及马来西亚政府肯定了"一带一路"倡议对中马关系的重要性，同时传达了继续支持"一带一路"倡议的态度。对此，外交部发言人华春莹运用情感资源中与满意相关的词（commend）认同"一带一路"倡议能够有效推进中马之间的交流，同时流露出因"一带一路"倡议受到参与方的肯定而产生的成就感。

　　例 5-12：We firmly oppose [-满意] Mr. Bolton's attempt to smear BRI cooperation and to drive a wedge between China and other countries.（耿爽，2019-08-28）

在例 5-12 中，记者转述时任美国总统国家安全事务助理的博尔顿对于"一带一路"框架下中国投资的批评，称中方企图通过"一带一路"和其他具有吸引力的投资，进行全球经济扩张。"oppose"一词通常伴随着评价者的消极情感。在该语境中，该词明确表达了中国政府对于博尔顿口出狂言、诋毁"一带一路"合作的不满之情，而这一强硬反对也展现出中方有信心、有实力始终遵循共商共建共享原则来推进"一带一路"合作。

情感资源中的安全在评论部分的使用也体现出积极词远大于消极词的特征。安全资源由 believe、convinced、be confident of 等 26 个表达组成，从情感层面展露出中方对"一带一路"合作伙伴的信任以及坚持高质量共建"一带一路"的理想信念；不安全资源则涉及 misgivings、concerns、be worried sick、get exhausted 这 4 个表达，表明少数人还是对"一带一路"倡议充满疑虑。

例 5-13：We are confident of [+安全] the prospects of the China-Pakistan Economic Corridor which, we believe [+安全], will bring tangible benefits to our two countries and peoples and contribute to regional connectivity and growth.（耿爽，2019-04-01）

鉴于中巴经济走廊迎来了又一重点合作项目——援巴基斯坦

瓜达尔新国际机场项目，外交部发言人耿爽给出了例 5-13 中的评价。该句通过情感资源中的安全词语（are confident of 和 believe），阐明中国政府对于中巴经济走廊的正面心理感受，即坚信它能让中巴两国在国家、社会和个人层面均享受到实实在在的发展与繁荣。该正面评价一方面展现出中方想把中巴经济走廊打造成高质量共建"一带一路"的示范项目的意愿与决心，另一方面有助于吸引巴基斯坦和其他位于南亚地区的国家更为积极地参与"一带一路"建设。

例 5-14：You mentioned <u>misgivings</u> [-安全] some people in India cite for not participating in BRI cooperation, in particular, Indian's core <u>concerns</u> [-安全].（陆慷，2019-04-15）

在例 5-14 中，记者谈及印度驻华大使对"一带一路"倡议的看法，称没有国家会参加忽视其主权和领土完整核心关切的倡议。外交部发言人回答里的不安全的词语（misgivings 和 concerns）表明印度部分人士还是对"一带一路"倡议心存猜疑并有所防备，但这些带有消极态度的评价词也显示出中方会重视各方的反馈，及时调整"一带一路"倡议对外宣传的方式和重点，以稳步推进"一带一路"建设高质量发展。

例 5-15：We <u>believe</u> [+安全] the BRI multilateral cooperation will make greater contribution to quality BRI building and all sides'

fight against COVID-19 and socio-economic recovery.（汪文斌，
2020-11-04）

例 5-15 来自外交部发言人汪文斌针对新冠疫情下 "一带一路" 多边合作进展一事所给出的评论。尽管新冠疫情对国际交往活动造成了一定负面影响，但中国倡导的 "一带一路" 多边合作仍在有序进行，这些合作对 "一带一路" 参与国经济社会复苏也会起到重要作用。如果发言人没有运用情感资源中的安全词语（believe），那么中方因这一阶段的 "一带一路" 多边合作感受到的自信与自豪可能会无法清晰表达出来，进而影响目标群众体会中方在推动构建人类命运共同体上的充分准备与十足信心。

综上所述，外交部发言人 "一带一路" 话语中的评论部分，除了保持着鉴赏资源中价值这一较为理性、客观表述的主体地位，还明显加强了满意和安全相关词语的使用，而满意和安全均属于较为主观的情感资源。在评论部分频繁使用情感资源，有益于进一步流露 "一带一路" 建设参与者尤其是中国政府的真情实感，明确显示中国既是 "一带一路" 合作的倡导者，也是负责任、有担当的行动者。

（四）期望部分的态度资源

期望是外交部发言人在表达中国政府未来的外交意愿、方向、决心和信念等事项，旨在从更广的层面展现中国的外交态度和国家实力的。如表 5-1 所示，在期望部分中，较为明显的态度资源有判断资源中的毅力性（28.75%）、鉴赏资源中的构成

（27.00%）、鉴赏资源中的价值（19.00%）和情感资源中的满意（12.00%）。值得注意的是，判断资源中的毅力性正是在期望这一部分达到了自身出现频率的峰值。该部分的毅力性资源涵盖stand ready to，firmly，continue to，stick to，stay committed to等表达，有效展现出中方对高标准、惠民生、可持续的"一带一路"发展承诺的固守（见例5-16至例5-18）。

例5-16：We stand ready to [+毅力性] make joint efforts with other countries and continue to [+毅力性] create a favorable environment for promoting friendly, equitable and win-win cooperation.（华春莹，2018-01-26）

在例5-16中，记者提及一些西方非政府组织担心中国的部分海外投资无法达到预期效果甚至会被滥用，因为他们发现中国企业通过"一带一路"倡议等项目在海外各国尤其是发展中国家投资时，没有对投资东道国提出任何良政、人权和环保等方面的建议或限定条件，这与西方政府的做法不一致。"stand ready to"和"continue to"通常涉及评价者的正面判断，而在外交部发言人华春莹所给出的上述期望中，这些判断资源中的毅力性表达体现出中国政府对于秉持共商共建共享原则来推动"一带一路"建设做了充分准备，中方将一如既往地与各方携手打造和平、安宁、繁荣、平等、友好的共同家园，从而让世界看到中方在推动构建人类命运共同体上的坚定态度。

例 5-17：We <u>are ready to</u> [+毅力性] work with the new Pakistani government to <u>stay committed to</u> [+毅力性] consolidating political mutual trust, deepening across-the-board practical cooperation and making new progress in our all-weather strategic cooperative partnership.（耿爽，2018-07-24）

面对中方如何推进与巴基斯坦新政府的关系以及中巴经济走廊建设的提问，外交部发言人耿爽在例 5-17 中表达了期望。借助判断资源中的毅力性短语（are ready to 和 stay committed to），各方清楚看到中国政府会继续作为巴基斯坦的可靠朋友和坚定伙伴，准备好随时与巴方深化各领域务实合作，持续投入时间和精力将中巴经济走廊打造成高质量共建 "一带一路" 的示范工程，更好造福两国人民。毫无疑问，这不仅能让世界各国感受到中巴战略伙伴关系不可动摇，也能让更多伙伴在看到中国政府和人民的实力和毅力后加入 "一带一路" 合作。

例 5-18：We will <u>stick to</u> [+毅力性] the "1+4" cooperation model centering on the CPEC and focusing on Gwadar Port, energy, infrastructure development and industrial cooperation, in an effort to increase the utilization rate of existing infrastructure.（赵立坚，2021-09-24）

在记者谈及中巴经济走廊联合合作委员会第十次会议后，外交部发言人赵立坚给出例 5-18 中的期望。发言人运用判断资源中的毅力性（stick to）表达，强调中方与巴方在未来将紧紧围绕中巴经济走廊建设，持续加强产业、科技、农业、社会民生等领域的合作。有了这一正面判断，中方在构建新时代更加紧密的中巴命运共同体上言出必行的处事态度得到了有效呈现。

很明显，外交部发言人在阐述中国政府的外交期望时会着重使用判断资源中的毅力性单词或短语，以此来描绘中国政府在深入贯彻高质量共建"一带一路"理念上的准备、承诺和长期规划。这不仅展示出中国将竭尽全力为共建"一带一路"合作注入强劲和持久的动力，也凸显出中国会毫不动摇地为世界提供稳定性、开放性和正能量。

（五）建议部分的态度资源

建议指在中国政府看来，他国政府、机构和群体等国外对象与中方往来时可以采取或需要采取的措施和态度，通常意在强硬反击他国人士抹黑"一带一路"倡议、损害中国权益甚至挑衅中国底线的不当言行。在外交部发言人"一带一路"话语的建议部分中，所占比例较高的态度资源依次为鉴赏资源中的构成（26.32%）、判断资源中的得体性（22.37%）和鉴赏资源中的价值（19.08%）。与表 5-1 中的其他数据进行对比后，我们不难发现，较为明显的得体性也在该部分达到了自身出现频率的最高点。建议部分的得体性包含正面词语和负面词语，并且两者数量比较接近，前者有 should，deserve，it is advisable for them to，there is every reason to 等 19 个表达，后者有 should not，underestimate， deliberately creating obstacles，cooked up等 15 个表达。不管这些表述是正面还是负面，它们都点明了中方对于有意干扰 "一带一路" 合作的行为的负面态度，以及对于和平稳定、公道正义的正面态度，这利于进一步体现出中国的大国风范、大国担当（见例5-19 至例 5-21）。

例 5-19: Their readers <u>deserve</u> [+得体性] the true story.（华春莹，2018-07-16）

例 5-19 是外交部发言人华春莹回应英国《金融时报》一篇 "一带一路" 建设相关文章时所给出的建议。《金融时报》宣称，"一带一路" 项目之所以于 2018 年在全球范围内遭遇困难，主要是因为中国发展融资不透明，项目推进过程中不顾及当地实际情况。对此，华春莹用判断资源中的得体性词汇（deserve）强调读者寻求真实的新闻信息是理所当然；换言之，《金融时报》等新闻机构所发布的 "一带一路" 倡议相关报道不符合实际情况，这一评价间接表达出中方不认可相关报道，同时礼貌提醒部分戴着有色眼镜的西方媒体恪守职业道德准则。

例 5-20: The US <u>should not overestimate</u> [-得体性] the effectiveness of their <u>rumor-mongering</u> [-得体性] or <u>underestimate</u> [-得体性] other people's ability to make informed judgments.（耿爽，2019-03-29）

例 5-20 中，记者询问中方如何看待美国代理常驻联合国代表在联合国安理会一项有关阿富汗的决议草案表决时，声称"一带一路"倡议存在腐败。句中多次出现的传达了负面评价的得体性资源（should not overestimate，rumor-mongering 和 underestimate）反映出美方部分人士针对"一带一路"倡议的批评只不过是无端造谣，而他们企图靠谣言影响他国判断、阻挠"一带一路"建设的行为无异于不切实际的幻想。外交部发言人所给的上述判断，能让国际社会在看到美方部分政客的偏见、执念和反华聒噪的同时，领悟到中方始终秉持着开放、包容、透明的精神致力于高质量共建"一带一路"。

例 5-21：Instead of <u>deliberately creating obstacles</u> [-得体性] on normal exchanges and cooperation between China and Australia, and <u>carrying out law enforcement activities in a selective and discriminatory way</u> [-得体性], the Australian side <u>should</u> [+得体性] do more things conducive to mutual trust and mutual benefit between China and Australia.（赵立坚，2020-12-09）

在回答中国与澳大利亚维多利亚州签署的"一带一路"谅解备忘录的前景时，外交部发言人赵立坚给出了例 5-21 中的建议。外交部发言人运用判断资源中的得体性，对澳方在"一带一路"建设中对中方做出的错误行为进行评价。在中方看来，故意阻挠中澳之间正常交流的行径是不可取的，选择性、歧视性执法也是不妥当的。正相反,澳方与中方合作时秉持和平合作、开放包容、互学互鉴、互利共赢的丝路精神,共同不懈努力、并肩谋求发展方为明智之举。毫无疑问,这些判断资源都体现出中方对于澳方抹黑 "一带一路" 倡议行为的批评以及对自身权益的维护。

外交部发言人 "一带一路" 话语中的建议部分,通常意在反击个别国家和个别人以 "一带一路" 倡议为由,抹黑和攻击中国、破坏地区和平稳定的图谋。判断资源中的得体性在建议部分的重点使用,能够给予图谋不轨的少数人沉重一击,明确展现中国反对肆意干扰破坏 "一带一路" 建设行为的强硬态度以及中国人民不惹事但也不怕事的特质,进而显示出 "一带一路" 高质量发展的稳定前景。

三、发言人话语态度资源定性分析

前面几节的举例说明意在解释态度资源在单个结构成分中的分布特征及作用,而本节的实例将阐明不同结构成分中的各类态度资源如何彼此影响,从而实现共同的交际目的。接下来我们随机抽取两个完整表态,分别结合其语类结构进行态度资源分析。

语篇Ⅲ是外交部发言人汪文斌在 2021 年 6 月 28 日,针对中央广播电视总台记者的提问所作出的回应。该记者提及中巴经济走廊首个电网项目默拉直流工程于 2021 年 6 月 25 日启动送电,并就此询问中方的评论。针对该问题的完整回答如下:

语篇Ⅲ

[B] As an important pilot project [+价值] of the Belt and Road Initiative, the China-Pakistan Economic Corridor（CPEC）has made significant progress [+价值] in various sectors [+构成] including energy since its launch. This has not only vigorously boosted [+价值] Pakistan's faster economic and social development [+构成], but also played a positive role in promoting [+价值] regional connectivity [+构成].

[C] The Matiari to Lahore ±660kV HVDC Transmission Line Project is another vivid example [+构成] of how the CPEC has contributed to [+价值] the improvement of people's livelihood and economic development in Pakistan [+构成]. This project will offer the local people access to [+价值] stable and high-quality electricity [+构成], which is of great significance for [+价值] Pakistan to break [+能力性] the bottleneck [-价值] of south-north power transmission and optimize [+能力性] the power distribution.

[B] I'd like to stress that the BRI came from China, but it creates opportunities and good results for all countries, and benefits the whole world [+价值]. To date, up to 140 [+构成] partner countries have signed documents on Belt and Road cooperation with China. Trade between China and BRI partners has exceeded 9.2 trillion US dollars [+构成]. The BRI has truly become the world's broadest-based and largest platform for international cooperation [+价值].

[A] China is ready to join hands with Pakistan and other countries to continue [+毅力性] our Belt and Road cooperation. These efforts will generate more opportunities and dividends to all [+价值].（汪文斌，2021-06-28）

背景信息（B）是外交部发言人首先给出的描述。该部分借助鉴赏资源中的价值和构成客观评价了 "一带一路" 背景下中巴经济走廊的正面作用。前者展现出中巴经济走廊在 "一带一路" 建设中的重要领头位置，强调中巴经济走廊为巴基斯坦带去巨大效益，而后者点明中巴经济走廊的成果惠及巴基斯坦的方方面面，比如经济、社会和区域互联互通等。

随后，外交部发言人评论（C）了记者所问的巴基斯坦默蒂亚里—拉合尔正负 660 千伏直流输电工程。外交部发言人运用鉴赏资源中的构成阐明中巴经济走廊的助力效果体现在巴方人民的生活水平和经济状况改变上，评价默拉直流工程是中巴经济走廊惠及巴方的清晰例证，并强调该工程提供的电力不会断断续续。与此同时，鉴赏资源中的价值和判断资源中的能力性的相关表述进一步点明默拉直流工程这一具体项目有助于更多巴基斯坦民众安心、顺利地持久用电，提升巴基斯坦政府解决电力传输和电力布局问题的能力。

在评论了默拉直流工程后，外交部发言人再次给出背景信息（B），回顾了 "一带一路" 倡议相关事实。在价值这一鉴赏资源的帮助下，目标群众首先感受到 "一带一路" 倡议让世界各方受益匪浅。随后，属于鉴赏资源的构成清晰展现出中方收获的 "一带一路"合作伙伴数量以及"一带一路"合作贸易额。接着,外交部发言人继续借助价值资源给予"一带一路"正面的评价,凸显"一带一路"在当今国际合作中占据着不可撼动的重要地位。

最后,外交部发言人表达了中方在上述问题上的外交期望(A)。他运用判断资源中的毅力性展现出中国坚定致力于同巴基斯坦在内的世界各国一道合作、携手共建"一带一路"的态度,并运用鉴赏资源中的体现价值的词再次表明"一带一路"建设能让参与者共享所有福利,这在彰显中国的大国风范的同时能有效调动更多人士加入"一带一路"合作的决心和热情。

综上所述,该语篇呈现出B^C^B^A的语类结构,并且每个成分都包含着丰富的态度资源。外交部发言人在背景部分充分运用鉴赏资源中的价值和构成突出对相关事件的认知和感知,同时为后续的主观表态增添事实依据。在评论部分,外交部发言人沿用上述两类态度资源并对判断资源中的能力性加以运用,这既呼应先前态度资源所传达的信息,也引出结尾的期望部分。在结尾这一陈述中,外交部发言人通过判断资源中的毅力性及鉴赏资源中的价值进一步阐明中方立场。有了上述语篇结构和态度资源,目标群众既能够清晰知晓中国国家电网承建中巴经济走廊首个电网项目的实际进展,同时不易忽视中国有能力、有信心、有决心将走廊打造成"一带一路"高质量发展的示范工程,更好地造福两国人民。

语篇Ⅳ是外交部发言人汪文斌在2021年11月9日,针对彭博社记者的提问所作出的回应。该记者指出，美国政府计划启动一个名为 "重建更美好世界" 的全球基础设施计划，以抗衡中国的 "一带一路" 倡议，随后记者就此事询问中方的态度。针对该问题的完整回答如下：

语篇 Ⅳ

[B] Since its inception eight years ago, the Belt and Road Initiative has followed the principles of extensive consultation, joint contribution and shared benefits and the philosophy of open, green and clean cooperation and high-standard, people-centered development [+构成], promoted the construction of a large batch of cooperation projects [+价值], strengthened connectivity and delivered tangible benefits to the people of our BRI partners [+价值]. It has become the most popular international public good and the largest cooperation platform [+价值].

[C] We believe [+安全] that there is wide room [+构成] for global infrastructure cooperation [+构成] and various initiatives don't have to counter or replace each other. Countries should work to build [+得体性] rather than tear down [−得体性] bridges, promote [+得体性] connectivity rather than decoupling [−得体性], seek mutual benefits and win-win results [+得体性] rather than isolation and exclusiveness [−得体性].

[S] We hope [+满意] the US will take concrete actions [+构成] to earnestly [+真实性] boost [+能力性] common development and revitalization of all [+构成]. (汪文斌，2021-11-09)

在该回答中，最先罗列出来的是"一带一路"背景信息（B）。外交部发言人运用鉴赏资源中的构成，强调"一带一路"倡议是高标准、可持续、开放包容、平等互利、绿色廉洁的，它从人民群众的内心期盼出发并最终惠及人民群众的吃穿住行。同时，外交部发言人借助同属于鉴赏资源的价值，凸显"一带一路"倡议极大地造福了世界各方，并给予"一带一路"最高价值评价。在"一带一路"倡议的帮助下，国际合作项目的数量增多、进展顺利，各参与国在经济和社会层面的发展有目共睹，各方也朝着构建人类命运共同体方向不断迈进。

随后，外交部发言人评论（C）了美方欲启动全球基础设施项目抗衡中国"一带一路"倡议一事。外交部发言人运用情感资源中的安全和鉴赏资源中的构成，展现中方对于全球基础设施领域的合作前景持乐观态度，并强调合作空间之大、范围之广。接着，外交部发言人通过判断资源中的得体性明确评价国际合作行为上的是非，凸显对于世界各国互帮互助、携手同行的认可，进而表明中方不赞同美方出于孤立、排挤他国的目的而提出新的全球基础设施项目这一做法。

最后是中方对美方提出的建议（S）。在这一部分，外交部发言人使用情感资源中的满意表明中方支持美国助力国际合作，运用判断资源中的能力性肯定美国在国际交往活动上的实力，并借助鉴赏资源中的构成和判断资源中的真实性，明确提出美方真正需要关注并实施的不是如何勾心斗角、取代他者，而是付诸实际行动去搭建互利共赢的坚实桥梁。

综上所述，该语篇的语类结构体现为B^C^S，而这三个部分均包含多种态度资源。外交部发言人在背景部分充分运用鉴赏资源中的构成和价值，强调对类似事件的感知和认知并为后续主观表态增添事实依据。在随后的评论部分，外交部发言人适时运用情感资源中的安全、鉴赏资源中的构成和判断资源中的得体性传达中国对国际合作的评价，同时铺垫建议部分这一结尾对态度资源的综合使用，具体包括情感资源中的满意、鉴赏资源中的构成、判断资源中的能力性和真实性。毫无疑问，该语篇结构和态度资源分布不仅体现出 "一带一路" 倡议在推动世界各国发展振兴上的真实效果，也展现出中方对于美方有意拆毁互联互通之桥、抹黑 "一带一路" 倡议此类行为的不认可，进而彰显中国与世界合作共赢的大国担当。

两个语篇在态度资源运用方面的相似点在于，它们都在背景部分使用了鉴赏资源中的构成和价值，以提供事实依据，并为后续的主观表态奠定基础。然而，它们的差异在于运用的侧重点。语篇III在评论部分更多地强调了能力性与期望的结合，突出了中国在推动项目实施方面的能力和决心。相比之下，语篇IV则更侧重于情感资源，传达了对国际合作的积极评价，并对美国对 "一带一路" 倡议的抹黑行为表达了不认可，展现了中方在国际事务中的大国责任感。因此，虽然两者都注重态度资源的运用，但在具体表达和侧重点上有所不同。

四、小　结

本章基于态度系统和语篇结构，通过定量统计和定性分析，揭示了态度资源在外交部发言人"一带一路"话语中的分布规律和评价特点。

从整体分布上看，外交部发言人"一带一路"话语中态度资源的分布特点为"鉴赏资源>判断资源>情感资源"，这表明外交部发言人"一带一路"话语并不是夸夸其谈的自我说辞，而是带有感情色彩却依然较为客观、理性的评价表述。

从该话语的五个结构成分上看，三类态度资源的分布不尽相同。在背景部分，外交部发言人重点运用鉴赏资源中的构成和价值，回顾罗列"一带一路"相关事件并表达中方的真情实感，从而有理有据地宣传"一带一路"的优势和价值。在解释部分，外交部发言人不仅重视构成资源和价值资源，也充分运用判断资源中的能力性，给出提问事件的出现缘由、当前状况等客观信息，公开展现并肯定"一带一路"建设参与者的实力与贡献，以此维系、加深并扩大与各方的"一带一路"合作。在评论部分，外交部发言人除了保持着价值资源的主体地位，还明显加强对情感资源中的满意和安全的使用，让各方看到中国既是"一带一路"合作的倡议者，也是负责任、有担当的行动者。在期望部分，外交部发言人着重运用判断资源中的毅力性，展现中方坚定不移推动共建"一带一路"高质量发展的态度，凸显"一带一路"倡议旺盛的生命力。在建议部分，外交部发言人重点使用判断资源中的得体性，强硬反击少数人以"一带一路"倡议为由，无端损害中国权益甚至挑衅中国底线的不当言行，向世界各方尤其是"一带一路"合作伙伴展现中国的强大。

第六章

"一带一路"公共演讲
语类结构分析

中国"一带一路"官方话语对外传播研究

A Communication Study of China's Official Discourse
on the Belt and Road Initiative

本章将采用定性和定量相结合的方法，试图总结"一带一路"公共演讲的语类结构潜势，回答以下两个问题：（1）"一带一路"公共演讲的结构成分、所有成分的出现顺序及频率分别是怎样的？（2）"一带一路"公共演讲的语类结构潜势是什么？

一、公共演讲结构成分与交际目的

本研究对搜集的 20 篇"一带一路"公共演讲英文版进行了详细的结构成分分析。语料分析结果表明，"一带一路"英文公共演讲话语包含寒暄、背景、举措、意义和期望这五个结构成分。

（一）寒暄/Greeting（G）

寒暄指演讲者对参加"一带一路"会议的国家元首、政府首脑、国际组织负责人以及嘉宾表示热烈的欢迎和诚挚的感谢。其目的是拉近关系，调节气氛，为之后的演讲主题进行铺垫（见例 6-1、例 6-2）。

例 6-1：It gives me great pleasure to attend the Bishkek Summit of the Shanghai Cooperation Organization. I would like to thank Kyrgyzstan, the SCO Presidency, for your meticulous preparations and thoughtful arrangements for the success of this summit. China commends Kyrgyzstan for your enormous and effective efforts over the past year for the SCO's development.（2013-09-13）

例 6-1 节选自习近平主席在吉尔吉斯斯坦比什凯克举行的上海合作组织成员国元首理事会第十三次会议上的讲话。习近平主席表示自己很高兴出席上海合作组织比什凯克峰会，感谢主席国吉尔吉斯斯坦为峰会举行所作的精心准备和周到安排。同时对于吉方为推动本组织发展所作的工作进行了高度评价。在演讲的开头对会议组织者表示感谢，拉近了双方的距离。与此同时，肯定了吉方对上海合作组织做出的贡献，这样能够更好地进入对本组织所面临挑战的演讲主题。

例 6-2：Let me begin by thanking all of you for coming to Beijing for this Dialogue on Strengthening Connectivity Partnership. It is a vivid testimony to the deep friendship and cooperation existing in our relations and an expression of the support from you that we consider so important to China's hosting of the 22nd APEC Economic Leaders' Meeting.（2014-11-08）

例 6-2 节选自习近平主席在北京举行的"加强互联互通伙伴关系"东道主伙伴对话会上的讲话。习近平主席对于专程到北京出席对话会的国际伙伴们表示衷心的感谢，同时表达了这是深厚友谊和友好合作关系的生动体现，也是大家对中方主办亚太经合组织第二十二次领导人非正式会议的重要支持。中国作为亚太经合组织第二十二次领导人非正式会议的东道主，对远道而来的嘉宾表示感谢，能够深化互联互通的伙伴关系。

（二）背景 /Background（B）

背景指当前世界经济和全球发展的现状以及共建"一带一路"倡议提出以来所取得的标志性的成果，一方面为演讲者提出的举措做铺垫，另一方面为其所讲内容提供了依据支撑（见例 6-3、例 6-4）。

例 6-3：The world economic recovery still faces many unpredictable and uncertain factors. The Asia-Pacific region has entered a new stage of development, facing both opportunities and challenges. How to tackle the risk of fragmentation in regional economic cooperation? How to create new growth momentum in the post-financial crisis period? How to remove the financing bottlenecks hindering connectivity? These are issues we need to consider and actively address.（2014-11-11）

例 6-3 节选自习近平主席在北京举行的亚太经合组织第

二十二次领导人非正式会议上的开幕辞。2014 年是亚太经合组织成立的二十五周年，同时也是亚太发展繁荣的二十五年。亚太经合组织见证了亚太发展的历史成就，亚太发展同时也赋予了亚太经合组织新的使命。当前世界经济复苏仍面临诸多不稳定不确定因素，亚太发展进入了新的阶段，既有机遇，也面临着挑战。如何面对这些挑战，中国怎么做，世界会怎么做，这段背景的阐述给演讲留下了悬念。

例 6-4：In October 2014, the first group of 22 Prospective Founding Members signed the Memorandum of Understanding on Establishing the AIIB. In June 2015, representatives from 50 Prospective Founding Members signed the Articles of Agreement of the Asian Infrastructure Investment Bank. Before the end of last year, seven other Prospective Founding Members left their signatures on the Agreement. In December 2015, the Agreement met the legal threshold for entry into force and the AIIB was thence officially founded.（2016-01-16）

例 6-4 节选自习近平主席在亚洲基础设施投资银行（下文简称 "亚投行"）开业仪式上的致辞。2013 年 10 月，中国提出筹建亚投行的倡议，2016 年 1 月，亚投行正式开业。2014 年 10 月，首批 22 个意向创始成员国代表签署了《筹建亚洲基础设施投资银行备忘录》。2015 年 6 月，50 个意向创始成员国代表共同签署《亚洲基础设施投资银行协定》，另外 7 个国家随后在年底前先后签署。2015 年 12 月,《亚洲基础设施投资银行协定》达到法定生效条件,亚投行正式宣告成立。习近平主席回顾了这些进展和成果,肯定了各成员国之间的精诚合作和大力支持。亚投行的成立,证明了只要国际社会坚定信心,就一定能够为亚洲和世界发展繁荣做出新贡献。

(三)举措/Measure(M)

举措指深化共建"一带一路"以及构建人类命运共同体所提出的具体实施措施。举措是依据演讲中背景部分提出的,旨在让各成员国知道中国将同世界各国携手努力,为世界发展做出贡献(见例 6-5、例 6-6)。

例 6-5:Proceeding from the new starting point, we will promote green development to achieve better economic performance. I have said many times that green mountains and clear water are as good as mountains of gold and silver. To protect the environment is to protect productivity, and to improve the environment is to boost productivity. This simple fact is winning increased public recognition.(2016-09-03)

例 6-5 节选自习近平主席在杭州出席 2016 年二十国集团工商峰会开幕式上发表的主旨演讲。演讲指出中国将坚定不移推动绿色发展,谋求更佳质量效益。绿水青山就是金山银山,保护环境就是保护生产力,改善环境就是发展生产力。中国将坚持绿色发展,回应了背景中演讲者提到的发展不可持续的问题。这让各成员国知道中国的发展前景是越来越好的，中国落实改革发展举措的决心是坚定的。

例 6-6：China will put in place the following mechanisms to boost Belt and Road cooperation: a liaison office for the Forum's follow-up activities, Research Center for Belt and Road Financial and Economic Development, Facilitation Center for Building the Belt and Road, Multilateral Development Financial Cooperation Center in cooperation with multilateral development banks, and an IMF-China Capacity Building Center.（2017-05-14）

例 6-6 节选自习近平主席在北京出席 "一带一路" 国际合作高峰论坛开幕式上发表的演讲。当前，中国发展正站在新的起点上，中国将设立 "一带一路" 国际合作高峰论坛后续联络机制，成立 "一带一路" 财经发展研究中心、"一带一路" 建设促进中心，同多边开发银行共同设立多边开发融资合作中心，同国际货币基金组织合作建立能力建设中心。"一带一路" 建设根植于丝绸之路的历史土壤，同时向所有朋友开放，这些建设成果将由大家共享。中国将会做出这些举措来表明中国对于共建 "一带一路" 的坚定决心，让世界看到中国态度。

（四）意义/Significance（S）

意义指共建 "一带一路" 倡议提出到蓝图逐步绘就以来，对于经济全球化和世界发展的积极影响。意义的提出肯定了之前共

建 "一带一路" 的努力，更好地向世界人民宣传 "一带一路" 倡议（见例6-7、例6-8）。

例6-7：The Belt and Road Initiative embodies our pursuit of common development. The initiative aims to break development bottlenecks, narrow development gaps and promote the sharing of development achievements among countries. It envisions a community of common development where we work together through thick and thin for a shared future.（2017-05-14）

例6-7节选自习近平主席在 "一带一路" 国际合作高峰论坛欢迎宴会上的祝酒辞。"一带一路" 建设承载着我们对共同发展的追求，将帮助各国打破发展瓶颈，缩小发展差距，共享发展成果，打造甘苦与共、命运相连的发展共同体。在 "一带一路" 倡议下，中国将同各国一起，深化命运共同体意识，坚持同舟共济的伙伴精神，让彼此越走越近。这证实了采取的举措是有意义的，对世界各国都有深刻的影响。

例6-8：These measures to expand opening-up are a choice China has made by itself to advance its reform and development. It will promote high-quality economic development, meet the people's desire for a better life, and contribute to world peace, stability and development.（2019-04-26）

例 6-8 节选自习近平主席在第二届 "一带一路" 国际合作高峰论坛开幕式上的主旨演讲。中国重视对外开放政策的贯彻落实。中国扩大开放的举措，是根据中国改革发展客观需要做出的自主选择，这有利于推动经济高质量发展，有利于满足人民对美好生活的向往，有利于世界和平、稳定、发展。这证明了实行开放举措的中国将同世界形成更加良性的互动，带来更加进步和繁荣的世界。

（五）期望 /Anticipation（A）

期望指领导人对于共建 "一带一路" 会开创更加美好未来表达的美好期待和祝愿，旨在更深层次地展现中国想要同世界各国一起建造明天的决心（见例 6-9、例 6-10）。

例 6-9: Let us join hands to sow the seeds of cooperation, harvest the fruits of development, bring greater happiness to our people and make our world a better place for all!（2019-04-26）

例 6-9 节选自习近平主席在第二届 "一带一路" 国际合作高峰论坛开幕式上的主旨演讲。习近平主席呼吁大家携起手来，一起播撒合作的种子，共同收获发展的果实，让各国人民更加幸福，让世界更加美好。习近平主席在演讲的结尾呼吁世界各国一起努力创造更加美好的未来，从侧面展现了中国作为大国的担当，让 "一带一路" 倡议走深走实，更好造福各国人民。

例 6-10：Dear colleagues and dear friends, these achievements in our cooperation have not come easily. And we have much more to look forward to in the future. Fruitful China-Africa cooperation will add fresh impetus to global development, generate positive energy for world stability, and bring new hopes to people around the world. We are confident that China-Africa friendship will stand any test of winds and storms. It will continue to be the backbone in South-South cooperation and a fine example in international relations.（2022-08-18）

例 6-10 节选自国务委员兼外交部长王毅在中非合作论坛第八届部长级会议成果落实协调人会议上的致辞。共建"一带一路"是一项长期工程，是合作伙伴们共同的事业。中非合作搞得好，全球发展就会有更多的新动能，世界稳定就有更多的正能量，各国人民就会有更多的新希望。中国将会一直坚持共建"一带一路"，中非友好合作关系坚定不移，进而传达出中国有信心并且有能力让"一带一路"倡议惠及全世界的人民。

二、公共演讲成分出现顺序与频率

在详细解释了"一带一路"公共演讲话语的寒暄（G）、背景（B）、举措（M）、意义（S）和期望（A）这五个结构成分后，我们选取了 20 篇"一带一路"英文公共演讲，并将各篇中结构成分的出现顺序逐一列在表 6-1 中。

表6-1 20篇"一带一路"公共演讲语料的语类结构

语篇编号	时间	语类结构
1	2013-09-13	G^B^M^
2	2014-05-21	G^B^M^B^M^A^
3	2014-11-08	G^B^M^A^
4	2014-11-11	G^B^M^A^
5	2016-01-16	G^B^S^A^M^A^
6	2016-09-03	G^B^M^S^B^M^A^
7	2016-09-04	G^B^M^A^
8	2017-01-17	G^B^M^B^M^S^A^
9	2017-01-18	G^B^M^B^A^
10	2017-05-14	G^B^M^A^
11	2017-05-14	G^B^S^M^A^
12	2017-05-15	G^B^M^A^
13	2017-11-10	G^B^M^B^M^A^
14	2019-04-26	G^B^M^B^M^S^A^
15	2019-04-26	G^B^M^A^
16	2019-05-15	G^B^A^M^B^A^
17	2019-11-04	G^B^M^A^
18	2019-11-05	G^B^M^A^
19	2021-07-06	G^B^M^S^M^A^
20	2022-08-18	G^B^A^M^

图 6-1 为各结构成分在 20 篇"一带一路"公共演讲语料中的出现频率。同时，为了后续有效分辨必要成分和可选成分，当某一成分在同一语篇中重复出现时，只计此成分出现 1 次。

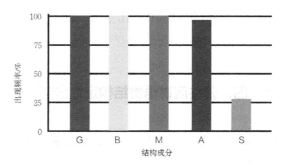

图6-1 20篇"一带一路"公共演讲语料各结构成分的出现频率

基于对表6-1和图6-1的数据分析，我们可以发现，20篇"一带一路"公共演讲中，各成分的出现频率从高到低依次为：G（100%）、B（100%）、M（100%）、A（95%）、S（30%）。由此可见，出现频率为100%的寒暄、背景、举措这三者是所有语料的必要成分，而出现频率低于100%的期望和意义这两者为可选成分。

三、公共演讲语类结构潜势

基于上述数据统计与分析，"一带一路"公共演讲的语类结构潜势可以总结为：$G^\wedge B^\wedge \cdot M^\wedge \cdot (S \cdot)(A^\wedge \cdot)$。其中英文字母是各个成分的缩写，具体来说，G代表寒暄，B代表背景，M代表举措，S代表意义，A代表期望。此外，带"（ ）"的成分为可选成分，不带的则为必要成分，"∧"代表成分之间的顺序，"^"代表该成分可以重复出现，"·"表示其左右的成分位置可以互换。换言之，演讲者在会议上进行"一带一路"倡议相关演讲时，每一

次必定会进行寒暄、介绍背景和提出举措，但不一定会表达期望
或意义。

四、公共演讲语类结构定性分析

接下来将通过分析两个具体的语篇，展示和验证前文所提出
的语类结构潜势。

语篇 I 是习近平主席在北京举行的 "一带一路" 国际合作高
峰论坛圆桌峰会上的开幕辞。

语篇 I

Dear heads of state and government,

Heads of international organizations,

I now declare open the Leaders Roundtable of the Belt and Road
Forum for Internation Cooperation!

[G] I welcome all of you to Yanqi Lake for the Leaders
Roundtable. It gives us a good opportunity to discuss how to promote
international cooperation for common prosperity.

[B] I put forward the initiative of building the Silk Road
Economic Belt and the 21st Century Maritime Silk Road in 2013.
The initiative aims to promote infrastructure development and
greater connectivity, align the development policies and strategies
of individual countries, deepen practical cooperation, encourage

coordinated and interconnected development, and bring about common prosperity.

I have come up with this Belt and Road Initiative based on my observation of and reflection on the world situation. We live in an age of major development, transformation, and adjustment. A new round of scientific, technological and industrial revolution in the making. New growth divers are gaining momentum. National interests are increasingly entwined. Peace, development and mutually beneficial cooperation have become the trend of our times. On the other hand, the deep-seated problems in global development are yet to be addressed effectively. Global economic growth is not on solid ground. International table and investment are sluggish. Economic globalization is encountering some headwinds. Development has become more uneven. And this is not to mention the other challenges that overshadow the world economy, like wars, conflicts, terrorism, and massive flows of refugees and migrants.

Confronted by these challenges, many countries are pondering the way forward, and have put forward many good development strategies and cooperation initiatives. However, in a world of growing interdependence and challenges, no country can tackle the challenges or solve the world's problems on its own. Individual countries need to coordinate national policies and make good use of economic factors and development resources on a greater global scale. Only in this way can we build synergy and promote worldwide peace, stability and common development.

[M] At the High-level Dialogue yesterday, leaders of various countries and international organizations, and representatives of the business and academic communities offered many useful ideas and proposals, and many cooperation agreements were signed. I hope today's Roundtable will help us build more consensus, and chart the course and develop a blueprint for Belt and Road cooperation. I hope our discussions here will make good progress in the following areas:

First, setting the direction of mutually beneficial cooperation. Geese can fly a long way in safety through wind and storm because they move in flocks and help each other as a team. This brings home the message that the best way to meet challenges and achieve better development is through cooperation. In our cooperation, we need to work in a spirit of partnership, and follow the principle of extensive consultation, joint contribution and shared benefits. The building of policy, infrastructure, trade, finance and people-to-people connectivity should be our shared goal. We need to seek mutually beneficial results through greater openness and cooperation, avoid fragmentation, refrain from setting inhibitive thresholds for cooperation or pursuing exclusive arrangements, and reject protectionism. A peaceful and stable environment is required to pursue the Belt and Road Initiative. It is important for individual countries to step up cooperation, resolve their differences and disputes through dialogue and consultation, and work together to maintain regional security and stability.

Second, strengthening policy coordination and aligning our development policies and strategies. We need to improve policy coordination, and reject beggar-thy-neighbor practices. This is an important lesson that can be drawn from the global financial crisis and is still very relevant to the development of the world economy today. National development strategies are drafted in light of particular national circumstances, and have their own distinctive features. At the same time, they generally pursue the same goal. There is a great deal of common ground and complementarity among those strategies. We can make good use of this to promote and reinforce development for all of us.

Third, deepening practical cooperation driven by concrete projects. As the saying goes, roads do not build themselves, and good things do not happen by themselves. Concrete action is the key to turning a blueprint into reality.

Dear colleagues,

[A] Yanqi Lake is an inspiring place with a rich history. It is a good place to start our journey of cooperation. Many people have compared the Belt and Road to a pair of soaring wings. Here from Yanqi Lake, let us spread our wings, soar to the sky, and reach out together for a future of peace, development and mutually beneficial cooperation!

　　Thank you.（2017-05-15）

　　语篇 I 的语类结构为G^B^M^A。寒暄部分（G）出现在该语篇的第一段。习近平主席对来到雁栖湖畔出席 "一带一路" 国际合作高峰论坛圆桌峰会的国际伙伴表示热烈欢迎。希望大家能够在此次峰会中共商推进国际合作、实现共赢发展大计。圆桌峰会开幕辞的开头对与会各国领导人进行寒暄，目的是维护好各国之间的友好关系，方便开展接下来有关 "一带一路" 建设的讨论。

　　背景部分（B）在该语篇中出现了三次。第一，习近平主席详细地介绍了 "一带一路" 倡议的核心内容：促进基础设施建设和互联互通，对接各国政策和发展战略，深化务实合作，促进协调联动发展，实现共同繁荣。对 "一带一路" 倡议的回顾，意在让世界各国清楚中国的态度，中国将一直牢记倡议的核心并会一直执行下去。第二，当今世界正处于大发展大变革大调整之中，新一轮科技革命和产业变革正在孕育，新的增长动能不断积聚，各国利益深度融合，和平、发展、合作、共赢成为时代潮流。全球经济增长基础不够牢固，国际贸易和投资低迷，经济全球化遇到波折，发展不平衡加剧。习近平主席讲述了倡议提出的社会背景，目的是表明 "一带一路" 倡议是应时代而生的，是具有依据性的，同时也是经得起考验的。第三，面对挑战，各国都在探讨应对之策，也提出了很多的发展战略和合作倡议。但是仅凭单个国家的力量难以独善其身，也无法解决世界面临的问题。因此，在这些背景条件下，"一带一路"倡议诞生了。"一带一路"来源于中国，但属于世界。这为接下来的世界各国为应对风险挑战提出的举措做了铺垫，"一带一路"倡议需要各国的努力。上述的内容都与"一带一路"倡议有关，为演讲中的举措提供事实依据。

举措部分（M）中提了三条措施。第一，推动互利共赢，明确合作方向。各国要加强合作，共同应对世界挑战，实现更好的发展。第二，密切政策协调，对接发展战略。加强政策协调，各国基于自身国情制定的发展战略各有特色，但目标一致，所以有很多联系点和相通之处，可以做到相辅相成，相互促进。第三，依托项目驱动，深化务实合作。举措是依据前文背景中提出的经济全球化遇到波折、发展不平衡等问题所提出的，使得该举措令人信服。

期望（A）位于该演讲语篇的最后一段。雁栖湖畔是开启合作征程的地方，希望"一带一路"能以雁栖湖畔为新的起点，飞向辽阔的蓝天，飞向和平、发展、合作、共赢的远方。在最后，表达了对于此次会议的美好愿景，意在让世界各国对"一带一路"倡议充满信心。基于之前的背景铺垫和举措阐述，以美好期望收尾，进一步凸显了中国对于"一带一路"的态度。

语篇II是习近平主席在第二届"一带一路"国际合作高峰论坛欢迎宴会上的祝酒辞。演讲原文如下。

语篇 II

Your Excellencies Heads of State and Government,

Your Excellencies High-Level Representatives,

Your Excellencies Heads of International Organizations,

Distinguished Guests,

Ladies and Gentlemen,

Friends,

[G] Good evening. In the prime of spring, a season of hope, we have come together for the Second Belt and Road Forum for International Cooperation. On behalf of the Chinese government and people, on behalf of my wife as well as in my own name, I wish to extend a warm welcome to all of our distinguished guests.

[B] Tonight, the Great Hall of the People is graced by the presence of an august gathering of world leaders. While I rejoice in seeing so many friends, old and new, I would also like to pay tribute to all the globetrotters who have to travel whenever duty calls, for the sake of our people and prosperity and stability in the world. Frequent overseas trips may be exhausting, but we are repaid with a broader network of friends. Coming from all corners of the world to meet in Beijing, we have all the more reason to cherish the time we spend together.

[M] Our gathering today helps revive the beautiful memories of our past interactions. Despite our geographical distance, we have become like-minded partners, thanks to our common pursuit of peace and development and shared aspiration for a better life for our people. From Beijing to Moscow, from Jakarta to Nur-Sultan, from Cairo to Santiago, our heart-to-heart discussions still ring in our ears, as if they happened only yesterday. The many moments of our sincere interactions have been recorded by history. No matter how the international situation evolves, our true friendship will endure and win-win cooperation will prevail.

[A] Nothing can separate people who share the same vision. In 2013, I put forth the initiative to jointly build a Silk Road Economic Belt and a 21st Century Maritime Silk Road. Six years on, with the concerted efforts of many parties, we have developed a plan for advancing Belt and Road cooperation and reaped many benefits. As we did this, people from different countries have got to know each other better and forged close partnerships in cooperation. Since Belt and Road cooperation is still at an early stage, some difficulties and setbacks are inevitable. But either in good times or bad, either on a smooth road or a thorny path, we will uphold the spirit of partnership, keep in mind what brought us together, and march forward without hesitation. For we all believe that our people deserve a better world, and Belt and Road cooperation will make the world a better place. （2019-04-26）

语篇 II 的语类结构为 G^B^M^A。寒暄部分（G）出现在该语篇的第一段。在这个孕育希望的季节,第二届"一带一路"国际合作高峰论坛如约而至。习近平主席代表中国政府和中国人民,代表他的夫人,并以他个人的名义,对各位国际伙伴表示热烈的欢迎。在欢迎宴上的寒暄,意在拉近社会关系。

背景部分(B)紧跟其后。在座的很多人都是为了各自国家人民幸福安康,为了世界的繁荣稳定,在全球各地奔波忙碌。这里讲述了为什么此时此刻世界各国代表跨越万里,相会北京。自从共建"一带一路"倡议提出以来,世界各国都在加强国际合作,"一带一路"的"朋友圈"越来越大。这些阐述不仅展现了世界各国的友谊,而且也凸显了世界各国人民能携手共进的决心和态度。

举措部分(M)中提出了互学互鉴。古丝绸之路见证了沿线国家在互通有无中实现繁荣。面对当今世界的各种挑战,我们要从丝绸之路的历史中汲取智慧,发掘力量,发展全球伙伴关系,开创光明未来。这展现了中国将会在发展本国经济的同时,带动周边国家发展的决心,凸显了中国作为大国的责任感和担当。

期望(A)位于该演讲语篇的最后一段。共建"一带一路"正在发展之中,肯定会遇到一些困难和曲折。但是我们必须有信念,各国人民都应该拥有一个更加美好的未来,共建"一带一路"一定会迎来一个更加美好的世界。这一期望有助于呈现中国在面对"一带一路"建设时遇到挑战时的信心和能力。

总而言之,"一带一路"公共演讲涉及演讲语篇开头的寒暄、背景部分的回顾、共建"一带一路"的具体举措的提出、意义的展现和期望的表达，旨在更好地向世界宣传"一带一路"倡议，使世界充分了解中国对于"一带一路"建设的态度和信心。鉴于拥有共同目的的语篇理应具有相似的结构布局，从语类结构潜势理论对"一带一路"英文公共演讲话语进行研究是合理的、可行的。

　　基于本章的研究成果，下一章将从态度系统出发，探索态度资源在"一带一路"公共演讲话语的寒暄、背景、举措、意义和期望五个结构成分中的分布特点和人际意义。

第七章

"一带一路"公共演讲
态度资源分析

中国"一带一路"官方话语对外传播研究

A Communication Study of China's Official Discourse
on the Belt and Road Initiative

本章将基于第六章的研究成果，即在"一带一路"公共演讲语类结构的基础上，对该话语的态度资源进行定量和定性分析。本章将主要回答以下两个问题：（1）"一带一路"公共演讲态度资源的分布特征是什么？（2）"一带一路"公共演讲态度资源的交际目的是什么？

一、公共演讲态度资源总体分布

表7-1为态度资源在"一带一路"公共演讲中的分布状况。表7-1的数据显示，从整体分布上看，"一带一路"公共演讲中的态度资源占比从高到低依次为：判断资源（64.81%）、鉴赏资源（26.89%）、情感资源（8.29%），其中以判断资源中的能力性（25.50%）和毅力性（18.37%）这两类最为明显。由此可见，"一带一路"公共演讲不仅是客观的积极鉴赏，更是对共建"一带一路"国家人民所取得的成就进行的积极评判，有利于深化务实合作。

表 7-1 "一带一路"公共演讲态度资源分布

态度资源		"一带一路"英文公共演讲											
		寒暄部分		背景部分		举措部分		意义部分		期望部分		总计	
		数量	比例/%	数量	比例/%	数量	比例/%	数量	比例/%	数量	比例/%	数量	比例/%
情感	高兴	30	35.29	5	2.40	10	1.36	3	1.79	4	4.30	52	4.03
	安全	8	9.41	3	1.44	4	0.54	10	5.99	1	1.08	26	2.02
	满意	10	11.76	6	2.88	5	0.68	5	2.99	3	3.23	29	2.25
	合计	48	56.47	14	6.73	19	2.58	18	10.78	8	8.60	107	8.29
判断	规范性	6	7.06	2	0.96	23	3.12	4	2.39	3	3.23	38	2.95
	能力性	3	3.53	10	4.81	302	40.98	9	5.39	5	5.38	329	25.50
	毅力性	2	2.35	1	0.48	208	28.22	7	4.19	19	20.43	237	18.37
	得体性	8	9.41	6	2.88	127	17.23	2	1.19	16	17.20	159	12.33
	真实性	3	3.53	10	4.81	37	5.02	13	7.78	10	10.75	73	5.66
	合计	22	25.88	29	13.94	697	94.57	35	20.96	53	56.99	836	64.81
鉴赏	反应	3	3.53	30	14.42	6	0.81	10	5.99	18	19.35	67	5.19
	构成	5	5.88	105	50.48	11	1.49	58	34.73	8	8.60	187	14.49
	价值	7	8.24	30	14.42	4	0.54	46	27.54	6	6.45	93	7.21
	合计	15	17.65	165	79.33	21	2.85	114	68.26	32	34.41	347	26.89
总计		85	100.00	208	100.00	737	100.00	167	100.00	93	100.00	1290	100.00

此外，在五个结构成分中，情感资源占比从高到低依次为：寒暄部分（56.47%）、意义部分（10.78%）、期望部分（8.60%）、背景部分（6.73%）、举措部分（2.58%）。判断资源占比从高到低依次为：举措部分（94.57%）、期望部分（56.99%）、寒暄部分（25.88%）、意义部分（20.96%）、背景部分（13.94%）。鉴

赏资源占比从高到低依次为：背景部分（79.33%）、意义部分（68.26%）、期望部分（34.41%）、寒暄部分（17.65%）、举措部分（2.85%）。很明显，三类态度资源在"一带一路"公共演讲各个成分中的分布也不尽相同。

综上所述，"一带一路"公共演讲的态度资源在整体上呈现出"判断资源>鉴赏资源>情感资源"的特点，并且态度资源在话语的五个结构成分中的分布也各具特色。接下来我们将从情感、判断、鉴赏三个维度分析"一带一路"公共演讲的态度立场和评价策略。

二、各类态度资源

（一）情感资源的分布特征与交际目的

情感资源用于评价演讲者的心理感受，包括"高兴""安全""满意"。从表7-1可以看出，情感资源集中在寒暄部分（56.47%），出现次数远多于其他部分，因为寒暄部分旨在对参加"一带一路"会议的国家元首、政府首脑、国际组织负责人以及嘉宾表示热烈的欢迎和诚挚的感谢。而各个部分中，使用次数最多的情感资源是高兴（4.03%），然后是满意（2.25%）和安全（2.02%）。这是由三类情感资源不同性质决定的，高兴源于内心的感受，满意是某种活动引起的成就感或挫折感，安全是某种环境引起的焦虑或信心。显然，高兴是发自内心的喜悦。这表明了演讲者在寒暄部分中运用情感资源正面表达了自己的心理感受，表现其对与会嘉宾的真挚欢迎。满意和安全涉及情感的外界起因。本研究语料中，此类情感的外界起因包括 "一带一路" 建设项目、发展前景等（见例 7-1 至例 7-3）。

例 7-1：I am very glad to [+高兴] meet you at Yanqi Lake in Beijing. Let me first extend a warm welcome [+高兴] to all of you.（2014-11-11）

例 7-1 是习近平主席在北京举行的亚太经合组织第二十二次领导人非正式会议上的开幕辞的寒暄部分。演讲者运用情感资源中的高兴来正面表达自己的心理感受，表现了自己对嘉宾到来的喜悦之情，以及对本次会议的热切期待。

例 7-2：On behalf of the Chinese government and people and also in my own name, let me extend a warm welcome [+高兴] to all guests present. I want to congratulate [+满意] the AIIB on its inauguration and give my heartfelt thanks [+高兴] to all parties for their support and dedication to the founding of the AIIB.（2016-01-16）

例 7-2 是习近平主席在亚洲基础设施投资银行开业仪式上的致辞的寒暄部分。借助情感资源中的高兴短语（a warm welcome 和 heartfelt thanks），让各方清楚感受到中国政府和人民的热烈欢迎和真挚感谢。借助情感资源中的满意的相关词语

（congratulate），不仅能让各方感受到中国政府对于亚投行筹建开业的积极评价，也能呼吁更多伙伴加大投入，为国际发展事业做出贡献。

例 7-3：In the coming two days, I hope [+安全] that we will fully exchange views and contribute our ideas on how to purse the Belt and Road Initiative, a project of the century, which will benefit people across the world.（2017-05-14）

例 7-3 是习近平主席在北京举行的"一带一路"国际合作高峰论坛开幕式上的演讲的寒暄部分。各界嘉宾齐聚北京，共商"一带一路"建设合作大计，意义十分重大。演讲者运用情感资源中的安全词语（hope），流露出了中国对于各界为"一带一路"建设献计献策的坚定信心，期待大家集思广益，共同推进世纪工程造福各国人民。

很明显，演讲者在对各方嘉宾进行寒暄时会着重使用情感资源中的高兴的相关词语来正面评价自己的心理感受，以此来表达中国政府和人民对于各方嘉宾的真诚欢迎和真挚感谢，以及对"一带一路"建设项目的满意之情。这一方面拉近了合作伙伴之间的关系，另一方面表达了中国对"一带一路"的美好展望，构建了和谐的氛围。

（二）判断资源的分布特征与交际目的

判断资源是基于伦理道德、法律规约，对"一带一路"建设行为做出的评价，包括社会尊重和社会许可两个类别，前者分为规范性、能力性和毅力性，后者分为得体性和真实性。从表 7-1 可以看出，判断资源出现最多的部分是举措部分（94.57%），其次是期望部分（56.99%）。这与两个部分的交际目的有关，举措部分指深化共建 "一带一路"，以及构建人类命运共同体所提出的具体实施措施，而期望部分是对于共建 "一带一路" 开创美好未来表达的期待和祝愿，旨在更深层次地展现中国的态度和国家实力。因此，就评价意义而言，期望部分是举措部分的延续和扩展。此外，在举措部分中，能力性出现次数最多（40.98%）。在期望部分中，毅力性出现次数最多（20.43%）。这说明 "一带一路" 建设参与者在协调、沟通、合作等方面的实力和能力是有目共睹的（见例 7-4 至例 7-9）。

例 7-4：China is ready to discuss with other countries in the region the <u>creation</u> [+能力性] of an Asian forum for security cooperation in law enforcement and an Asian security emergency response center, to <u>enhance</u> [+能力性] security cooperation in law enforcement and better respond to major security emergencies.（2014-05-21）

例 7-4 是习近平主席在上海举行的亚洲相互协作与信任措施会议第四次峰会上的演讲的举措部分。此次会议的主题是 "加强对话、信任与协作，共建和平、稳定与合作的新亚洲"，演讲者运用判断资源中的能力性词语（creation和enhance）表明中国在共建亚洲和平安全方面的雄厚实力，这在一定的程度上证明中国是维护地区和平、促进共同发展的坚定力量，有大国的担当，同时为亚洲发展和安全注入了强劲动力。

例 7-5：China <u>supports</u> [+能力性] Russia's proposal that Syria surrender its chemical weapons to international control for their eventual destruction. China is ready to <u>enhance</u> [+能力性] communication and coordination with related parties through the UN Security Council, and will <u>continue</u> [+毅力性] its unremitting efforts in facilitating a political settlement.（2013-09-13）

例 7-5 是习近平主席在于吉尔吉斯斯坦比什凯克举行的上海合作组织成员国元首理事会第十三次会议上的演讲的举措部分。作为上海合作组织成员国的一员，中方支持俄方提出的将叙利亚化学武器交由国际社会监管并销毁的建议，愿通过联合国安理会与有关各方加强沟通与协调的各项事宜，为解决叙利亚问题做出不懈努力。通过判断资源中的能力性的词（supports和enhance），正面评价了中国在叙利亚问题中的合作与解决问题能力。毅力性的词（continue）表明了中国与各国共同维护地区安全稳定的决心、信心和能力，以及为各国人民创造良好环境的积极性和主动性。

例 7-6：Going forward, China will <u>take</u> [+能力性] a series of major reform and opening-up measures and <u>make</u> [+能力性] stronger institutional and structural moves to boost higher quality opening-up. （2019-04-26）

例 7-6 是习近平主席在第二届 "一带一路" 国际合作高峰论坛开幕式上的主旨演讲的举措部分。共建 "一带一路" 不仅为各国发展提供了新机遇，也为中国开放发展开辟了新天地。中国坚持全面深化改革，将采取一系列重大改革开放措施，促进更高水平对外开放。演讲者在判断资源中使用能力性的词（take 和 make）充分肯定了中国在共建 "一带一路" 中的实力和潜力。

例 7-7：World history shows that the road of human civilization has never been a smooth one, and that humanity has made progress by <u>surmounting</u> [+毅力性] difficulties. No difficulty, however daunting, will stop us from advancing. （2017-01-17）

例 7-7 是习近平主席在瑞士达沃斯举行的世界经济论坛 2017 年年会开幕式的主旨演讲的期望部分。演讲者运用判断资源中的毅力性的词（surmounting），强调了人类文明进步历程从来没有平坦的大道可走，人类就是在同困难的斗争中前进的，没有什么困难能阻挡人类前行的步伐。有了这一正面判断，中国在引导经济全球化上言出必行的态度得到了有效呈现。

例 7-8：So long as we <u>press ahead</u> [+毅力性] with a common vision without backpedaling or standing still, we will achieve greater connectivity and benefit [+能力性] from each other's development. （2017-05-14）

例 7-8 是习近平主席在"一带一路"国际合作高峰论坛欢迎宴会上祝酒辞的期望部分。演讲者借助判断资源中的毅力性短语（press ahead），表明中国将坚定不移地推动"一带一路"建设国际合作，携手应对世界面临的挑战。毫无疑问，这不仅能让各国伙伴感受到中国政府和人民的实力和毅力，还能呼吁更多志同道合的伙伴加入"一带一路"建设。

例 7-9：The CPC stands ready to <u>continue to</u> [+毅力性] work with political parties and organizations of all countries to support the right side of history and the progressive side of humanity. Let us make an even greater contribution to building a global community of shared future and a better world. （2021-07-06）

例 7-9 是习近平主席在中国共产党与世界政党领导人峰会上主旨讲话的期望部分。"continue to"通常涉及评价者的正面判断，这些判断资源中的毅力性表达体现出中国共产党将继续同各国政党和政治组织一起，站在历史正确的一边，在人类进步的一边，为推动构建人类命运共同体的坚定态度。

"一带一路" 公共演讲中的举措部分意在讲述共建 "一带一路" 的具体措施,判断资源中的能力性在举措部分的重点使用,能够证明中国的实力和潜力。演讲者在阐述中国政府对于 "一带一路" 建设的期望时会着重使用判断资源中的毅力性表达,以此来展示中国将竭尽全力为 "一带一路" 合作注入强劲和持久的动力。由此可见,期望部分扩展了举措部分的内容,运用判断资源延续了对中国政府行为的正面评价,赞赏了中国的合作实力和伙伴精神。

(三)鉴赏资源的分布特征与交际目的

鉴赏资源旨在评价 "一带一路" 建设行为中的客观元素,包括反应、构成和价值。从表 7-1 可以看出,鉴赏资源出现最多的部分是背景部分(79.33%),其次是意义部分(68.26%)。前者旨在阐明全球发展现状和建设成果,后者旨在讲述 "一带一路" 倡议对于世界发展的影响。本研究语料显示,背景部分和意义部分关注 "一带一路" 建设项目的背景、成果和意义,而鉴赏资源的评价对象是客观物体、现象和过程,因此,鉴赏资源集中在背景和意义部分中,旨在评价 "一带一路" 建设项目。此外,在这两个部分中,使用次数最多的鉴赏资源都是构成(14.49%),其次是价值(7.21%)。这与三类鉴赏资源所涉及的心理过程有关,反应是事物引发的直接情绪,构成强调人对事物的感知,价值侧重于人对事物的认知。换句话说,反应只涉及事物对情绪的影响,而构成和价值则关注事物的客观要素,并包含了人的看法和观点,因此显得更理性和客观(见例 7-10 至例 7-15)。

例 7-10：More importantly, it should be a three-way combination of infrastructure, institutions and people-to-people exchanges [+构成], and a five-way process of policy communication, infrastructure connectivity, trade links, capital flows, and understanding among peoples [+构成].（2014-11-08）

例 7-10 是习近平主席在北京举行的"加强互联互通伙伴关系"东道主伙伴对话会上演讲的背景部分。在此，演讲者运用鉴赏资源中的构成来正面评价亚洲互联互通建设的结构，第一处体现为基础设施、制度规章和人员交流三位一体，第二处表现为政策沟通、设施联通、贸易畅通、资金融通和民心相通的五大领域。在该语境中，构成资源指引听众认清亚洲互联互通建设是一个全方位的大联通，并且与"一带一路"建设是相辅相成的。

例 7-11：The world economy is now in a period of profound adjustment [-构成]; it is following an erratic path to recovery [-构成].（2016-09-03）

例 7-11 是习近平主席在杭州举行的二十国集团工商峰会开幕式上主旨演讲的背景部分。这一背景成分中的评价（a period of profound adjustment 和 an erratic path to recovery）聚焦于当前世界经济的复杂形势。演讲者从构成这一鉴赏角度点评了当前世界经济正处于新旧动能转换的关键时期，因此各方要坚定不移地落实新发展举措。中方将同各方一道，实现合作共赢、共同发展。

例 7-12：Our region, the Asia-Pacific, has <u>the biggest share</u> [+构成] of the global economy; and it is <u>a major engine</u> [+构成] driving global growth. The business community is <u>a primary contributor</u> [+价值] to growth, and it continues to explore new ways of thinking for development and put them into practice.（2017-11-10）

例 7-12 是习近平主席在越南岘港举行的亚太经合组织工商领导人峰会上主旨演讲的背景部分。演讲者用构成资源正面评价亚太经合组织，强调亚太是全球经济最大的板块，是世界经济增长的主要引擎。价值资源体现了演讲者对工商界在经济方面的成就的评价。这些构成资源对亚太地区进行了正面评价，显示出 "一带一路" 倡议的价值。

例 7-13：In the first half of this year China's GDP grew by 6.7 percent [+构成]. Its industrial upgrading and structural adjustment picked up pace, final consumption expenditure contributed 73.4 percent to GDP, and the added value of the tertiary industry made up 54.1 percent of GDP [+构成].（2016-09-03）

例 7-13 是习近平主席在于杭州举行的二十国集团工商峰会开幕式上主旨演讲的意义部分。演讲者通过鉴赏资源中的构成，正面评价了中国经济增长的成果，包括产业升级和结构调整步伐加快，最终消费支出对国内生产总值的贡献率达到 73.4%，第三产业增加值占到国内生产总值的 54.1%。在这些构成资源的支撑下，演讲者的评价显得更为充实、有理有据，使得"一带一路"倡议的旺盛活力和强大韧性得到了进一步彰显。

例 7-14：It will <u>usher</u> [+价值] in a better investment environment, <u>create</u> [+价值] more job opportunities, and <u>trigger</u> [+价值] greater medium- to long-term development potential on the part of developing members in Asia.（2016-01-16）

例 7-14 是习近平主席在亚洲基础设施投资银行开业仪式上致辞的意义部分。演讲者在语料的意义部分正面评价了亚洲基础设施投资银行的优势，从价值这个鉴赏角度凸显筹建亚投行意义非凡，有利于提升中长期发展潜力，为世界经济增长带来积极提振作用，以此来获得越来越多国家和地区对于"一带一路"合作的积极响应。

例 7-15：Chinese companies have <u>made over US$50 billion of investment and launched a number of major projects</u> [+构成] in the countries along the routes, <u>spurring</u> [+价值] the economic development of these countries, and <u>creating</u> [+价值] many jobs locally.（2017-01-17）

例 7-15 是习近平主席在瑞士达沃斯举行的世界经济论坛 2017 年年会开幕式上主旨演讲的意义部分。此处，演讲者借助鉴赏资源中的构成，让听众将注意力集中在 "一带一路" 建设具体项目的成果上，其中包括中国企业对沿线国家的投资达到五百多亿美元和一系列重大项目的实施。价值资源则评价了 "一带一路" 倡议对各国经济发展的巨大影响。在这些构成和价值资源的支撑下，演讲者的评价显得更加充实。

鉴赏资源中的构成和价值在背景部分和意义部分占据明显主导地位。背景部分和意义部分关注 "一带一路" 建设项目，需要有理有据地宣传 "一带一路" 的优势。构成和价值关注 "一带一路" 建设相关内容的结构和性质等客观要素，并包含了演讲者的评价。重点使用这两个态度资源能让背景部分和意义部分显得更加理性和客观，却又不失真情实感，这样能使更多国家和国际组织投入 "一带一路" 倡议的建设中来。

三、公共演讲态度资源定性分析

本节将抽取两篇 "一带一路" 公共演讲，并分别结合其语类结构进行态度资源分析，以更加深入地展现并验证上面所描述的态度资源特征。

语篇Ⅲ是习近平主席在第二届中国国际进口博览会欢迎宴上的演讲。

语篇Ⅲ

Your Excellencies Heads of State and Government,

Your Excellencies Heads of International Organizations,

Your Excellencies Heads of Delegations,

Distinguished Guests,

Ladies and Gentlemen,

Friends,

[G]Good evening! It gives me great pleasure [+高兴] to meet all of you by the Huangpu River on this beautiful [+反应] autumn evening before the opening of the Second China International Import Expo（CIIE）tomorrow. On behalf of the Chinese government and people, on behalf of my wife and in my own name, I wish to extend a warm welcome [+高兴] to all the distinguished guests.

[B]Shanghai, a bustling hub [+构成] in southeast China at the meeting place of the Yangtze River and the sea, has been a major coastal city [+构成] in China since the modern times. It has been at the forefront of China's opening-up and, in the last few decades, emerged as an international metropolis [+构成]. We welcome [+高兴] all our friends to Shanghai and experience first hand the special charm [+构成] of the city. We welcome [+高兴] all our friends to visit the nearby Yangtze River Delta region and enjoy the poetic scenery [+构成] unique to the south of the Yangtze River. We also welcome [+高兴] all our friends to visit the rest of China and see up-close the diverse cultures and customs [+构成] the various provinces have to offer.

[M]The CIIE is an important platform [+构成] for China and other countries to expand [+能力性] their complementarity through consultation and cooperation for shared benefits. China has taken the initiative to increase [+能力性] imports through the CIIE. It is a proactive step [+构成] to launch [+能力性] a new round of high-standard opening-up, deepen [+能力性] Belt and Road cooperation at the international level, and build [+能力性] an open world economy. The CIIE enables [+能力性] not just trade in goods and services, but also exchanges between cultures and ideas. With our arms wide open [+能力性] for guests from across the world, we hope [+安全] the CIIE will advance the global good and meet nations' aspirations for a better life [+价值].

[A]Around 1,300 years ago, Chinese poet Wang Wan of the Tang Dynasty wrote a poem in Zhenjiang, a town not far from Shanghai, anticipating the early arrival of spring south of the Yangtze River. The poem reads:

From shore to shore, the river's wide at high tide.

Before fair wind, a single sail is lifting.

Toward the close of night, fair looms the sun,

The passing year urged on by riverside spring.

Together, let us set sail and ride the tide [+能力性] in this era of cooperation, and pilot the ship of the world economy [+能力性]

toward a spring of hope and prosperity.（2019-11-04）

寒暄部分（G）最先出现，在该部分中，演讲者借助情感资源中的高兴正面评价自己的心理感受，表达了自己对与会嘉宾的热烈欢迎，目的是维护好各国之间的关系，拉近距离，使得演讲更具有真情实感。

随后，演讲者给出背景信息（B），回顾了"一带一路"建设以来，上海所发生的巨大变化。鉴赏资源中的构成清晰展现了上海是一座国际化的大都市。同时，在高兴这一情感资源的帮助下，让听众感受到中国的真诚。

接下来，演讲者讲述了中国国际进口博览会的具体举措（M）。演讲者运用判断资源中的能力性展示出中国将推动扩大开放，深化共建"一带一路"国际合作，共同构建开放型世界经济的积极态度，并运用鉴赏资源中的价值再次表明，"一带一路"建设是顺应各国人民的美好生活期待的，这在彰显中国大国风范和担当的同时能增强更多人士加入"一带一路"合作的热情和决心。

最后，演讲者表达了对第二届中国国际进口博览会的美好期望（A）。演讲者运用判断资源中的能力性展现出中国将会与世界各国合作，共同推动世界经济的发展，共同构建人类命运共同体。

综上所述，语篇Ⅲ的语类结构体现为G^B^M^A，且态度资源在各成分中的分布各不相同。情感资源中的高兴主要出现在寒暄部分，演讲者借助情感资源中的高兴让各方感受到中国政府和人民的热烈欢迎和真挚感谢。判断资源中的能力性主要出现在举措和期望部分。在举措部分中，演讲者运用判断资源中的能力性展示了中国在 "一带一路" 国际合作中的雄厚实力。在期望部分中，演讲者继续运用能力性展现了中国将会同各国一起构建人类命运共同体的决心。鉴赏资源中的构成主要出现在背景部分，向与会嘉宾介绍上海是一座国际化的大都市。

语篇Ⅳ是习近平主席在第二届中国国际进口博览会开幕式上的主旨演讲。

语篇Ⅳ

Your Excellency President Emmanuel Macron,

Your Excellencies Prime Minister Andrew Holness, Prime Minister Kyriakos Mitsotakis, and Prime Minister Ana Brnabic,

Your Excellencies Speakers of Parliament,

Your Excellencies Heads of International Organizations,

Your Excellencies Heads of Delegations,

Distinguished Guests,

Ladies and Gentlemen,

Friends,

[G]In this lovely season tinted with deep autumn hues, it gives me great pleasure [+高兴] to get together with you by the Huangpu River. I now declare open the Second China International Import Expo!

At the outset, on behalf of the Chinese government and people as well as in my own name, a hearty welcome [+高兴] to all the distinguished guests from afar! To the many old and new friends gathered here from across the world, I give you my warm greetings and best wishes [+高兴]!

[B]At last year's Expo, I announced the initiatives China was to take in the five areas of further opening-up and spelt out three specific steps [+构成] for Shanghai to open wider to the world. One year on, these initiatives and steps have been by and large put in place. The Shanghai Pilot Free Trade Zone now has a Lingang special area, and six other new pilot free trade zones have been set up in other provinces of the country [+构成]. The Shanghai Stock Exchange launched a sci-tech innovation board, with a registration system being piloted for the listing of companies [+构成]. In the Yangtze River Delta area, a plan for integrated development of the region has been introduced as a national strategy. At the national level, a Foreign Investment Law will enter into force [+价值] on 1 January next year. A management system combining pre-establishment national treatment and the negative list has been effected [+价值] nationwide. Major progress is being made in increasing imports to boost consumption and in bringing down the tariff level [+价值]. For last year's Expo, during my bilateral events with foreign leaders, 98 initiatives were agreed upon, of which 23 have now been completed, 47 are making good progress [+构成], and 28 are on track of steady implementation [+构成].

[M]Of the problems confronting the world economy, none can be resolved by a single country alone. We must all put the common good of humanity [+得体性] first rather than place one's own interest above the common interest of all. We must have a more open mindset [+能力性] and take more open steps [+能力性], and work together [+能力性] to make the pie of the global market even bigger. We need to strengthen the mechanisms [+能力性] for sharing benefits globally, and explore new ways [+能力性] of international cooperation. The goal is to give more impetus to economic globalization and remove impediments [+构成] as much as we could.

Standing at a new historical starting point, China will open its door [+能力性] only wider to the world. The Communist Party of China has just concluded the fourth plenary session of the 19th Central Committee. A decision has been made to further uphold and improve [+能力性] the socialist system with Chinese characteristics and to modernize [+能 力 性] the country's system and capacity for governance. That included a host of significant measures to deepen reform and opening-up [+构成]. China will adhere to [+毅力性] its fundamental state policy of opening-up and stay committed to [+毅力性] opening-up to promote reform, development and innovation. This will bring about [+价值] opening-up at an even higher level.

[A]The Chinese civilization has always valued peace under

heaven and harmony among nations. Let us all <u>work in</u> [＋能力性] that spirit and <u>contribute to</u> [＋能力性] an open global economy and to a community with a shared future for mankind.

　　Thank you! (2019-11-05)

　　演讲者在对各方嘉宾进行寒暄（G）时会着重使用情感资源中的高兴相关词语来正面评价自己的心理感受，以此来表达对各方嘉宾的真诚欢迎和真挚感谢，同时对本次中国国际进口博览会的顺利举行表达满意之情。

　　接下来，演讲者讲述了背景部分（B）。演讲者运用鉴赏资源中的构成，向听众清晰地展现了首届进口博览会的项目成果，其中包括上海自由贸易试验区、上海证券交易所、长三角区域一体化发展等战略已经正式实施。在这些构成资源的支撑下，演讲者的评价更为充实、客观，进一步彰显了"一带一路"倡议对于中国经济发展的深远影响。通过鉴赏资源中的价值，演讲者强调中国的开放措施在扩大进口促进消费、进一步降低关税等方面取得了重大进展。这样一来，进口博览会的正面社会效用得到了具体展现，各国人士对进口博览会的认知也更深入。

　　随后，演讲者讲述面对经济发展难题的具体举措（M）。判断资源中能力性的集中使用，公开肯定了中国在扩大开放举措方面的能力，这在一定程度上有效维系并加深中国与各国之间的合作，有利于推进更高水平的对外开放。判断资源中的毅力性表达体现了中国将坚定不移地实施扩大开放等重要举措，坚持以开放促改革、促发展、促创新，持续推进更优水平的对外开放。因此，这让世界看到中国在推动共同发展上的坚定态度。

最后，演讲者表达了对开放型世界经济的美好期望（A）。演讲者运用判断资源中的能力性表达展现出中国将会和世界各国共同努力，不断为推动建设开放型世界经济，构建人类命运共同体做出贡献。

综上所述，语篇Ⅳ的语类结构体现为G^B^M^A，且态度资源在各成分中的分布各不相同。情感资源中的高兴主要出现在寒暄部分，演讲者借助情感资源中的高兴让各方感受到中国政府和人民的热烈欢迎和真挚感谢。判断资源中的能力性和毅力性主要出现在举措部分和期望部分。在举措部分中，演讲者运用判断资源中的能力性和毅力性不仅表明了中国扩大开放的能力，同时也展现了中国在推动共同发展方面的坚定态度。在期望部分中，演讲者运用判断资源中的能力性展现出中国将会为构建人类命运共同体做出贡献的坚定决心。鉴赏资源中的构成和价值主要出现在背景部分。演讲者运用鉴赏资源中的构成向听众清晰地展现了"一带一路"项目建设成果，使得评价更加客观。演讲者运用鉴赏资源中的价值表明了中国扩大开放措施对各国经济的影响。

两个语篇在态度资源运用方面的相似点在于，它们都采用了G^B^M^A的语类结构，并在寒暄部分通过情感资源中的高兴表达了中国政府和人民对各方的热烈欢迎和感谢，这种情感的传达在两个语篇中均具有相似的作用。然而，差异主要体现在判断资源的使用上。语篇Ⅲ的判断资源侧重于能力性，在举措和期望部分展示了中国在"一带一路"国际合作中的实力和构建人类命运共同体的决心。而语篇Ⅳ则在能力性基础上，加入了毅力性，强调了中国在推动共同发展中的坚定态度和努力。此外，语篇Ⅳ在背景部分对鉴赏资源的构成和价值的使用上更加突出，明确展现"一带一路"项目建设成果及其对各国经济的积极影响。因此，尽管两者的结构相似，具体的态度资源侧重和表达方式却有所不同。

四、小 结

本章基于语类结构和态度系统，通过定量统计和定性分析，揭示了态度资源在"一带一路"公共演讲中的分布规律和评价特点。

从整体分布上看，就出现的频率而言，"一带一路"公共演讲中态度资源的分布特点为"判断资源>鉴赏资源>情感资源"，这表明"一带一路"公共演讲会尽量避免使用感情色彩浓重的词汇，并通过相对客观的表述传达演讲者对"一带一路"建设的评价。

从具体分布上看，情感、判断、鉴赏三类资源在"一带一路"公共演讲五个结构成分中的分布不尽相同。情感资源主要集中在寒暄部分，演讲者重点运用高兴正面评价自己的心理感受，表现其对与会嘉宾的真挚欢迎。判断资源主要集中在举措部分，其次是期望部分。能力性在举措部分中出现最多，毅力性在期望部分中出现最多，这从正面表明了 "一带一路" 建设者的实力与贡献，同时也展示了中国将竭尽全力为 "一带一路" 合作注入强劲和持久的动力。鉴赏资源主要集中在背景部分，其次是意义部分。构成和价值在背景和意义部分占明显主导地位，重点使用这两种态度资源能够使这两个部分显得更加理性和客观，却又不失真情实感，进而使更多国家和组织投入 "一带一路" 合作。

第八章

"一带一路"官方社论
语类结构分析

中国"一带一路"官方话语对外传播研究

A Communication Study of China's Official Discourse
on the Belt and Road Initiative

　　本研究从 *China Daily* 和 *Global Times* 上选取了 2018 年 1 月至 2022 年 8 月发布的涉及"一带一路"倡议的官方社论，共 147 篇，本章将对其语类结构进行统计分析。

　　本章采用定性和定量相结合的方法，试图总结"一带一路"官方社论的语类结构潜势，回答以下两个问题：（1）"一带一路"官方社论的结构成分、所有成分的出现顺序及频率分别是怎样的？（2）"一带一路"官方社论的语类结构潜势是什么？

一、官方社论结构成分与交际目的

　　本研究对搜集的"一带一路"官方社论进行了详细的结构成分分析。语料分析结果表明，"一带一路"官方社论包含标题、议题、解释、背景和评论这五个结构成分。

（一）标题/Headline（H）

　　标题是概括"一带一路"热点事件相关社论的议论范围、中心论点或基本倾向的简短文字，是对论题、论点的准确提炼，目的在于提示中心事件和概括社论，引起受众的关注和思考。同时，标题为社论议题部分的提出进行读者心理建设，增强读者对社论议题的接受度（见例 8-1、例 8-2）。

例 8-1: Belt and Road Initiative makes winners of all（*China Daily*, 2021-12-01）

例 8-1 是 *China Daily* 对印度智库观察家研究基金会（Observer Research Foundation）的报告做出的回应。该报告认为"一带一路"项目创造的就业质量不够高，其主要意图是向"一带一路"参与国出口碳排放，谋求中国自身利益。例 8-1 中的标题起到概括社论评论部分的作用，作者认为"一带一路"倡议为所有参与国家带来好处，如促进当地基础设施建设和加速疫情后各国经济恢复。该标题还能引起读者对于"一带一路"项目实际贡献的重新思考，促进读者形成个人见解。

例 8-2: US policy hits major setback in Latin America; BRI offers counter-weight to American hegemony（*Global Times*, 2022-06-09）

例 8-2 是 *Global Times* 针对拉丁美洲国家纷纷选择加入"一带一路"倡议这一现象做出的概括和评论。标题中第一句话概括社论主体事件。近年来，在美国政策的影响下，美元已成为拉美国家的主要流通货币，为美国带来巨大经济利益，但是美国却忽视拉美国家在基础设施建设上的需求。这种忽视致使特朗普和拜登两届政府在拉丁美洲投资项目失败，同时，拉美国家另寻出路，选择加入"一带一路"倡议，该句的目的是使读者大致了解社论主要内容，吸引读者阅读兴趣。第二句话简洁概括本社论的评论部分。作者认为"一带一路"倡议能拉动拉丁美洲国家的经济增长，促进当地就业，为制衡美国霸权提供力量。同时，标题为文章开篇拉丁美洲国家纷纷转头加入"一带一路"倡议这一议题的提出做了铺垫，使议题部分的提出更加流畅自然。

（二）议题/Topic（T）

议题指由某一相关事件或现象引入"一带一路"官方社论，其主要作用是为后文解释、背景和评论部分的提出做铺垫，同时增进读者对"一带一路"倡议细节的了解，吸引读者阅读兴趣（见例 8-3、例 8-4）。

例 8-3：According to the Merriam-Webster dictionary, the word of the year is "pandemic". We will remember 2020 as the year of the COVID-19 pandemic which diverted our attention from our priorities. Together with many other multilateral undertakings, the pandemic has also adversely affected some projects of the Belt and Road Initiative (BRI), which is one of the most ambitious infrastructure investment efforts in history.（*China Daily*, 2020-12-09）

在例 8-3 的语料中，作者开篇用韦氏词典年度词汇"流行病"引出社论主题——新冠疫情致使国家暂时忽视"一带一路"倡议等经济建设项目。新冠疫情暴发后，国家注意力从经济建设转移到维护公共卫生安全上，因此减轻了对"一带一路"倡议项目的重视程度。该议题一方面激发了读者阅读兴趣，吸引其深入对背景和解释等后续部分的了解，增加了读者对评论部分的期待，另一方面为社论评论部分的提出做了铺垫。作者认为"一带一路"倡议最终会重新得到重视，同RCEP、CAI（China-EU Comprehensive Agreement on Investment，中欧全面投资协定）一起促进全球贸易，最大程度减轻疫情对经济的负面影响，加速疫情后各国经济恢复。

例 8-4：Since being officially launched in 2015, the China-Pakistan Economic Corridor（CPEC）, the Belt and Road Initiative's（BRI）flagship project, has begun to bear fruit. As the construction of the CPEC project has come into the new stage of promoting industry and industrial park cooperation, Pakistan is facing new opportunities to fast-track the development of its industries which can help it compete globally.（ *Global Times*, 2021-05-31 ）

在例 8-4 的语料中，作者以"中巴经济走廊"项目步入新阶段，巴基斯坦面临新机遇作为社论议题引入文章。中巴经济走廊2015 年正式启动，作为"一带一路"倡议的重点建设项目，已在巴基斯坦取得阶段性成效。巴基斯坦应牢牢把握"中巴经济走廊"建设新阶段，加速发展本国工业，这对于巴基斯坦在全球化浪潮中站稳脚跟有助力作用，有利于加强其国际竞争力。例8-4的语料为后文评论部分的呈现做了铺垫，该社论认为，"一带一路"倡议对于巴基斯坦实现经济大幅加速具有不可或缺的作用，议题部分进一步增加了读者对于社论评论部分的心理接受度。

（三）解释/Explanation（E）

解释指社论针对"一带一路"倡议相关事件本身，给出该事件发生的原因、当前状况、参与人士所作发言和相关事件关系等客观信息，目的是针对目标读者可能缺少细节信息、较难理解的事件和现象进行补充说明，消除目标读者对于前文议题或者背景部分的疑问和顾虑，增强读者对于后续社论评论部分的理解和接受度，更好地引导舆论（见例8-5、例8-6）。

例8-5：For instance, regarding rail projects, the Mombasa-Nairobi phase of the standard gauge railway, a flagship project of Kenya's Vision 2030, cost approximately \$3.8 billion－90 percent of which was funded by the Export-Import Bank of China and the remainder by the Kenyan government. The railroad, which is 472 km long, is in line with the shared principle of building an ecological civilization that balances development and environmental protection, as 14 wildlife channels were built over the 120-km part of the line crossing through Kenya's Tsavo National Park. (*China Daily*, 2022-07-28)

在例 8-5 的语料中，前文背景部分提及中国就 "一带一路" 倡议对肯尼亚提供了帮助，鉴于读者对于细节知之甚少，作者特别补充说明了铁路项目上中国对于肯尼亚政府的经济支持和铁路建设里程的客观信息。作者详细列举了肯尼亚标准轨距铁路 Mombasa-Nairobi 阶段的里程数（472 公里），耗资金额（约 38 亿美元）、中国进出口银行、肯尼亚政府各自的出资比例（90% 和 10%）。不仅如此，该铁路的建设在促进发展的同时兼顾了生态文明保护。在修建穿越肯尼亚 Tsavo 国家公园铁路的同时，修建了 14 条野生动物通道。此举既保证了交通畅通，促进经济繁荣，又保护了当地生态环境，一举多得。除此之外，该解释部分通过阐释中国政府对肯尼亚铁路建设的帮助，为社论评论部分提供了有力的事实依据，在保护主义和孤立主义等反全球化行为盛行的今天，中国和肯尼亚通过 "一带一路" 倡议团结到一起，致力于实现全球化的梦想，使评论部分更加符合读者心理预期。

例 8-6：Most BRI projects are not a form of aid but rather investments. If a country that has received investment funds experiences a financial collapse and can no longer make payments on a loan, China would have an insurmountable stack of bills. Should this occur, China would be the more anxious one. When China develops a project with a country, it needs to take into consideration their debt-paying abilities. This does not exclude situations where countries have trouble paying off their debts on certain projects, which is not what China expects, nor is it setting an intentional 'trap'.(*Global Times*, 2019-04-26)

例 8-6 是作者对"一带一路"倡议项目本质的解释说明。在前文中，西方国家指责中国通过基础设施投资，意图让"一带一路"倡议项目的参与国背负巨额债务。作者为消除读者疑虑，详细说明了"一带一路"倡议中被投资国经济崩溃给中国带来的弊端。实际上，大部分"一带一路"倡议项目是中国对其他参与国家经济建设的投资。在此过程中，中国需要考虑被投资国的经济状况和偿债能力，尽量避免被投资国家金融崩溃。但在投资过程中，不可避免地会出现某一国家无力偿债的情况，这并非中国的本意，也与"一带一路"倡议的初衷背道而驰。该说明传达出中国想让"一带一路"建设惠及更多国家的美好愿望。该解释不仅有力反驳了西方国家对于"一带一路"倡议项目的抹黑，也极大程度促进了读者对于评论部分的理解，西方媒体对于"一带一路"倡议的批评不会对中国造成任何负面影响，还会损害西方国家的自身声誉，百害而无一利。

（四）背景/Background（B）

背景指对"一带一路"社论主体事件的类似事件或相关事件进行事实回顾、罗列，目的是为后文评论部分提供事实依据，增强评论部分的说服力。介绍背景能对社论主体事件起到说明、补充、衬托作用，同时有利于读者了解事件整体的发展方向，加深对社论主体事件的认识和理解（见例 8-7、例 8-8）。

例 8-7: So far, 126 countries and 29 international organizations have signed cooperation agreements of various kinds under the framework of the initiative. Over the past six years, the total trade volume between China and the other participating countries has surpassed \$6 trillion and 82 industrial parks have been established, creating nearly 300,000 local jobs.(*China Daily*, 2019-04-22)

在例 8-7 的语料中，作者回顾了 "一带一路" 倡议发展的有关信息，包括迄今为止参与的国家数量（126 个）和国际组织数量（29 个）、过去六年中国同其他贸易国之间的贸易总额（6 万亿美元）、建立的工业园区数目（82 个）和为当地创造的就业机会（约 30 万个）。通过这些数据，作者清晰展现了中国造福世界，拒绝地缘政治和霸权主义的国际担当。一方面，该社论背景部分为评论部分提供了有力的事实支撑，增强评论部分的说服力，这些背景数据是中国 "一带一路" 倡议积极贡献的最好体现；另一方面，这些背景数据也能够增进读者对于 "一带一路" 倡议发展进程的了解。

例 8-8: Huawei has won 46 5G commercial contracts in 30 countries all over the world as of June 6. Nokia—which is also not a US company—has gotten 42 contracts, the second most. (*Global Times*, 2019-06-13)

在例8-8的语料中，作者在社论中回顾了华为和诺基亚在2019年6月6日之前在全球签下的5G商业合同数目及世界排名。华为5G合同数目为46份，位居世界第一，而诺基亚42份，位居世界第二。相关事件的罗列对议题部分美国在"一带一路"倡议上抵制华为的行为起到补充说明的作用，有利于读者了解抵制事件的发展脉络，弄清抵制事件的本质。同时侧面说明了中国技术的可靠性及其价格的合理性，为后文评论部分批评美国打压中国高科技公司做铺垫，同时增强评论部分的合理性和说服性。

（五）评论/Comment（C）

评论是指"一带一路"社论对有典型意义或重要意义的相关人物和事件进行旗帜鲜明的褒贬评价，从思想、政治和理论等高度进行论述和概括，以深刻揭示本质，总结经验或教训，其主要作用是照应标题部分，总结议题、背景和解释部分的总体信息，强化读者理解，启迪读者思想，引导社会舆论（见例8-9、例8-10）。

例8-9：Some countries – those with the more isolationist or populist governments – are certain to use the pandemic as a reason to turn back the clock on globalization, but any successes they have are certain to be limited. As the coronavirus fades, the BRI is poised to emerge as one of the best hopes for a rapid rebound in globalization and a powerful supporter of trade and growth.（ *China Daily*, 2020-07-06）

在例 8-9 的语料中，作者就一些西方国家可能的孤立主义或民粹主义行为展开评论。西方国家想要利用疫情逆全球化，其收效甚微。随着新冠疫情的消退，经济活动将恢复正常，全球化进程不会止步不前，"一带一路" 倡议项目将朝着这个方向不断前行，助力全球经济恢复。该评论与标题部分相互照应，证明 "一带一路" 倡议是全球经济复苏的主要助力之一，深刻揭示了一些西方国家评论的不轨意图，不仅启迪了读者思想，使读者认清了一些西方国家孤立主义和民粹主义行为的真正目的，同时显示出中国和各国一起共渡难关的责任与信心。

例 8-10：Economic gains and development opportunities are possible for all. This is the reason the BRI has attracted more and more countries. If such nature of the BRI does not change, the development of its projects will not encounter major blows. China has full confidence and the ability to win the battle against the COVID-19. It also believes that after the epidemic, the BRI will show greater vitality. This is the big picture that Western media fail to see. (*Global Times*, 2020-02-19)

例 8-10 对前文议题和解释部分的信息进行了总结，就 "一带一路" 倡议吸引越来越多国家加入的原因和该倡议的发展前景发表评论。中国提出 "一带一路" 倡议的初衷是促进各国共同发展。在此过程中，所有参与国地位平等，机会平等。保持这一初衷是保证"一带一路"倡议不断发展壮大的关键。疫情过后，"一带一路"将在经济恢复与发展过程中发挥更大作用。该评论不仅强化了读者对于标题部分的理解，也符合读者浏览前文议题和解释部分后对于评论部分的心理预期，引导读者深入思考。在此过程中，该评论也表现出中国对于"一带一路"倡议发展的信心，对于成功抗击新冠疫情的能力和信心，体现出中国的大国责任与担当。

二、官方社论成分出现顺序与频率

在详细解释了"一带一路"官方社论的标题（H）、议题（T）、解释（E）、背景（B）和评论（C）这五个结构成分后，我们随机抽取了其中20篇"一带一路"官方社论，并将各篇的成分出现顺序逐一列出，如表8-1所示。

表8-1 20篇"一带一路"官方社论语料的语类结构

语篇编号	社论题目	语篇结构
1	BRI has transformed Kenya's infrastructure development（*China Daily*, 2022-07-28）	H^T^E^B^E^C
2	BRI can empower Africa's women and young people（*China Daily*, 2022-04-13）	H^B^E^C
3	Belt and Road Initiative makes winners of all（*China Daily*, 2021-12-01）	H^T^B^C^E^C
4	Belt and Road helps build community with a shared future（*China Daily*, 2021-11-19）	H^T^E ^C
5	RCEP, CAI, BRI can boost global trade together（*China Daily*, 2020-12-09）	H^B^E^C

续表

语篇编号	社论题目	语篇结构
6	Belt and Road best hope for globalization's rebound（*China Daily*, 2020-07-06）	H^T^E^B^C
7	Belt and Road transforming vision into rewarding action（*China Daily*, 2019-04-22）	H^T^B^C
8	MoU with Italy a milestone for Belt and Road progress（*China Daily*, 2019-03-24）	H^B^E^C
9	Belt and Road Initiative: Transforming the future（*China Daily*, 2018-08-09）	H^B^C
10	Italian business community eyes opportunity in Belt & Road cooperation（*China Daily*, 2018-06-29）	H^T^E^B^C^E^C
11	US "forced labor" lies cannot sabotage BRI cooperation（*Global Times*, 2022-07-20）	H^T^B^E^C
12	US policy hits major setback in Latin America; BRI offers counterweight to American hegemony（*Global Times*, 2022-06-09）	H^B^C
13	China's technological, financial strength offers BRI countries a faster industry transformation toward green development（*Global Times*, 2021-11-04）	H^C^B^E^B^C
14	BRI accelerates economy of Pakistan（*Global Times*, 2021-05-31）	H^B^E^C
15	BRI, RCEP best solution for South Asia and Southeast Asia recovery（*Global Times*, 2020-12-23）	H^B^E^B^C
16	West fails to see greater BRI vitality after epidemic（*Global Times*, 2020-02-19）	H^T^E^C
17	BRI naysayers ridiculed by common sense and reality（*Global Times*, 2019-04-26）	H^T^E^B^C
18	US shows rogue mentality over Huawei boycott on BRI（*Global Times*, 2019-06-13）	H^B^C
19	Decade of rapid expansion in China-Europe rail service attests to achievement of BRI（*Global Times*, 2018-10-23）	H^T^B^E^C
20	US initiative cannot match BRI in Latin America as countries welcome cooperation, not ideological confrontation（*Global Times*, 2018- 04-05）	H^T^E^C

图 8-1 为这 20 篇 "一带一路" 官方社论各结构成分的出现频率。同时, 为了后续有效分辨必要成分和可选成分, 当某一成分

在同一语篇中重复出现时，只计该成分出现一次。

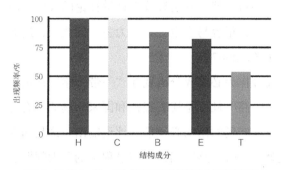

图 8-1 20篇"一带一路"官方社论各结构成分的出现频率

基于对表8-1和图8-1的数据分析，我们可以发现，20篇"一带一路"官方社论各结构成分的出现频率从高到低依次为：H（100%）、C（100%）、B（85%）、E（80%）、T（55%）。由此可见，出现频率为100%的标题和评论是所有语料的必要成分。而出现频率低于100%的背景、解释和议题这三者为可选成分。

结合语料和现实情况来看，标题成分一定会出现在"一带一路"官方社论中的主要原因是社论通常较长，需要标题提示文章主体内容，即社论的评论部分，突出文章价值，吸引读者阅读兴趣。对读者来说，社论中最引人注目的除了图片就是标题。社论标题是社论的梗概和缩影，它犹如一面镜子，将一篇社论的最初形象展现给读者，使读者在阅读社论之前对其内容产生一定的了解。社论标题能否抓住读者眼球，除受标题的形式（如字号的大小、颜色和排列的方式等）的影响外，关键是看内容是否吸引读者。标题概括得准确得当才会吸引读者阅读。另外，社论标题还起到影响舆论的实质作用。标题是一篇社论的总括，提纲挈领，让人对内容一目了然，它引导读者理解社论的议题，因为其最先进入读者视线，很容易产生 "先入为主" 的效果，进而影响读者思维（牛保义，2007）。

评论成分作为必要成分出现在 "一带一路" 社论中的主要原因是 "一带一路" 社论是代表报社和国家立场的带有指导性和权威性的文章，立场的阐明必须借助评论输出。这是因为社论的主要作用是就 "一带一路" 倡议实施过程中的重大问题、重大典型和重大现象做出评论，及时阐明国家的方针政策，提出解决问题的指导思想和措施方法，指出今后的任务和奋斗方向。社论评论从思想认识上阐明问题，把同 "一带一路" 倡议有关现象和重大时政问题提升到一定的理论高度加以分析评论，从而把受众的认识水平提升到政策的高度（李文军、朱稳根，2012）。所以说，评论是社论中的最重要的部分之一，不仅是因为它具有认知功能和教育功能等一般性评论功能，更为突出和重要的是其代表媒体乃至政党、政治团体等直接发言的喉舌与舆论功能。

而背景和解释这两个可选成分出现频率较高也有各自的原因。社论背景的出现频率为 85%，位于可选成分中的频率首位。背景部分出现频次高的原因主要有二。第一，背景需为评论提供必要的事实支撑。从古到今，中国社会各个阶层都把以理服人视作行为和沟通的准则。因此，社论撰写者会在社论中提及与 "一带一路" 社论主体事件相关或类似的事件及有关数据，用这些过往事实为社论评论增添说服力、可信度和感染力，进而促进目标读者对于社论立场的理解和赞同。第二，背景是"一带一路"倡议宣传的重要成分。从读者角度来说，背景中对于"一带一路"社论主体事件相关事件的罗列，有助于增进读者对于"一带一路"倡议实施细节和相关成就的了解，能够起到侧面宣传的作用。从国家角度来说，"一带一路"官方社论是中国政府对外宣传"一带一路"倡议的重要手段。因此，国家政府借由媒体社论向世界展现"一带一路"倡议的进展和成效，能够吸引更多国家加入。他国利益的实现也会促进"一带一路"倡议的进一步宣传。这种宣传的良性循环有利于"一带一路"倡议的进一步发展，同时也有利于构建中国正面的国家形象。

解释部分的出现频率为80%，位于可选成分中的频率次位。解释部分出现频率较高的主要原因是其能增进读者对于社论主体事件细节的了解，从而更加全面地认识该事件。中国人自古以来便注重细节，描述社论主体事件当前状况、阐释事件发生主要原因、借助相关人士发言，可以补充说明"一带一路"倡议实施的过程中的细节问题，增进普通民众对事件和现象的理解，消除目标读者的疑问和顾虑。

此外，表8-1和图8-1还显示出标题、议题、解释、背景和评论五个结构成分在排列顺序及重复率上均带有各自的特点，标题位于其他结构成分之前，议题若出现必位于标题之后作为文章开篇，而解释、背景和评论的排列顺序多种多样、无固定的前后者搭配，此外，除标题和议题只能在社论中出现一次以外，解释、背景和评论都有在同一语篇中重复出现的可能性。"一带一路" 社论是由评论主体根据 "一带一路" 倡议热点话题和现象发表评价、阐述观点撰写而成。不同的社论撰写者有不同的写作习惯，即使是同一位撰写者，其写作手法也会因为相关事件、有关发言等各方面因素有所调整。此外，"一带一路" 官方社论是展现中国政府对于 "一带一路" 倡议热点事件或他国言论的表态，随机应变的写作方式有助于增强语篇的逻辑性和说服力，从而更好地引导舆论。

三、官方社论语类结构潜势

基于上述数据统计与分析，"一带一路" 官方社论的语类结构潜势可以归纳总结为：$H \wedge (T) \wedge [(E^\circ) \cdot (B^\circ) \cdot C^\circ]$。其中英文字母是各个成分的缩写，具体而言，H代表标题，T代表议题，E代表解释，B代表背景，C代表评论。此外，带 "（ ）" 的成分为可选成分，不带的则为必要成分，"∧" 表示成分之间的顺序，"·" 表示其左右的成分位置可以互换，"°" 表示该成分可以重复出现，"[ ]" 表示限制。换而言之，每篇 "一带一路" 官方社论必定带有标题和评论，但不一定含有议题、解释和背景。标题位于所有成分之前，若社论中出现议题，则位于标题之后，其他成分之前。此外，解释、背景和评论这三个结构成分无固定的前后顺序，且均有重复出现的可能。

四、官方社论语类结构定性分析

接下来将通过分析两个具体的语篇，来展示和验证前文所提出的语类结构潜势。

语篇 I 是 *China Daily* 于 2021 年 6 月 23 日发表的官方社论，主要内容为 "一带一路" 倡议作为一个包容的多边平台，致力于带动各方发展，展现出强大的生命力。社论原文如下。

语篇 I

[H]Belt and Road Initiative's vitality stems from its inclusiveness

[T]State Councilor and Foreign Minister Wang Yi presided over the High-level Video Conference on Belt and Road International Cooperation in the Asia-Pacific on Wednesday.

[E]Focusing on COVID-19 prevention and control cooperation in the region and the region's economic recovery, the conference provided a platform for the representatives of more than 30 countries and international organizations to pool their wisdom in addressing the challenges the region faces.

[B]In all, 140 countries and 32 international organizations are participating in the Belt and Road Initiative, highlighting the great significance attached to it. With plentiful substantial achievements having been made since it was proposed in 2013, the initiative has provided the world with many global public products that manifest

practical progress toward the realization of the United Nations'
Sustainable Development Goals.

[C]The outbreak of the novel coronavirus has served to highlight
the initiative's practical benefits, as it has prompted countries to work
together to protect public health and promote common development.
Not only are essential medical supplies provided under the framework
through mutual assistance programs but also the participants have
never ceased their intensive exchanges on epidemic prevention and
control work, and macro policy coordination. That demonstrates the
vitality of the Belt and Road Initiative, which is an open and inclusive
multilateral platform.

[E]As Wang proposed in the conference, the quality of Belt and
Road cooperation projects will be higher in the future, and although
infrastructure constructions remain crucial, more attention will be paid
to strengthen public health collaboration and ensure the reliability
and security of supply chains, and enhance cooperation in innovation,
technology and green development.

The active responses these proposals have received from the other
participants in the conference reflect that they are highly consistent
with the appeals of all countries in the region, which are looking to get
their socioeconomic development back on the right track at an early
date, build more responsive and efficient public health systems, and
develop new growth engines through international cooperation.

[C]Unlike the Build Back Better World initiative the United States proposed at the G7 Summit earlier this month, the Belt and Road Initiative starts from the practical needs of the participants rather than any single country's geopolitical ambitions. Functioning on the basis of joint construction, collective consultation and benefit sharing, instead of one participant telling the others what to do, it produces tangible benefits for the people.

It is the common will of the people in the region working together for a better world that enables the Belt and Road Initiative to stand the tests of such grave challenges as the COVID-19 pandemic, and continuously demonstrate robust vitality and strong adaptability.

语篇I的语类结构为H^T^E^B^C^E^C。标题部分（H）在该语篇中出现了一次，并且位于其他成分之前。标题部分简要概括了社论主体内容及评论部分主要观点，揭示"一带一路"倡议切实从参与者的实际需求出发，开放包容，促进各国在新冠疫情大背景下的恢复与发展，最终实现多边共赢的事实。同时，增加读者对后续议题部分的接受度和全文的流畅性。

议题部分（T）在语篇I中出现了一次，开篇由国务委员兼外交部长王毅主持的"一带一路"亚太区域国际合作高级别视频会议引入"一带一路"主题，激起读者阅读兴趣，进一步增加读者对"一带一路"倡议实施细节的了解，同时为后文评论部分的提出做铺垫。

解释部分（E）在语篇I中出现了两次。第一，社论提供了议题部分相关会议的客观信息，是议题部分的延续，增进了读者对于会议细节的了解。解释部分提供了 "一带一路" 亚太区域国际合作高级别视频会议的讨论重点。该会议就亚太地区的疫情防控合作以及经济复苏工作展开详细讨论。该会议使 30 多个国家和国际组织联合起来，共同应对新冠疫情。第二，在第一个评论部分后社论作者进一步补充了会议有关信息，为第二个评论部分提供有力支撑，主要包括会议主持人王毅就未来 "一带一路" 合作项目的发展方向做出的说明和其他与会者对 "一带一路" 合作项目带来的成效的期望。在未来，"一带一路" 合作项目将会更加注重疫情防控合作，避免供应链出现公共卫生安全问题，同时会注重技术创新和环境保护，确保经济发展与生态环境保护和谐共生。会议其他与会者对此高度赞同，期望 "一带一路" 合作项目能有效恢复社会经济，建立更有效的公共卫生系统以应对未来可能出现的公共卫生安全问题。解释部分对于 "一带一路" 倡议成就的阐述为评论部分陈述其强大生命力做铺垫，消除读者对于前文背景部分 "一带一路" 倡议取得很多实质性成就的疑问，加深读者对于第二个评论部分的理解。

背景部分（B）位于第一个解释之后，回顾了 "一带一路" 建设的相关事实，即 "一带一路" 倡议的参与国家数量和取得的成就，侧面说明该倡议的实际价值，增进读者对于 "一带一路" 倡议的认识和理解。评论部分认为 "一带一路" 倡议的出发点是服务于各参与者而不是任何一个国家的地缘政治野心，背景部分 "一带一路" 倡议的参与国家和国际组织的数量和该倡议取得的成就为该评论部分提供事实支撑，增强了社论语篇的逻辑性和说服力。

评论部分（C）在语篇I中一共出现了两次。第一次是就该倡议在新冠疫情暴发期间的实际贡献发表评论。"一带一路"倡议是一个充满活力的多边平台，集中各国力量和智慧，互助互惠，合作交流，促进共同发展，以应对人类公共卫生安全问题。该评论部分是对前文议题部分和背景部分的总结，同时照应标题，体现"一带一路"倡议平台的多变性和包容性。第二次是就"一带一路"建设的实际目的做出的评论。"一带一路"倡议不是霸权政治的产物，不以驱使其他国家为目的，而是切实关注参与者的实际需要，考虑集体利益，因此能吸引越来越多国家和国际组织的加入，共同应对新冠疫情等严峻挑战，构建人类命运共同体。评论部分体现了社论作者对于"一带一路"倡议的赞扬，深刻揭示了"一带一路"倡议价值，引导读者正确看待"一带一路"倡议的本质，是对前文解释部分的升华。

语篇 Ⅱ 是 *Global Times* 于 2022 年 6 月 9 日发表的官方社论，主要内容为"一带一路"倡议促进以秘鲁为代表的拉丁美洲国家在经济、社会等各方面的发展。社论原文如下。

语篇 Ⅱ

[H]BRI is incomparable for the benefits it brings to Latin America in terms of perspectives, geographical coverage and funds

[C]China's cooperation with the Latin American countries under the Belt and Road Initiative（BRI）is a generous offer to Latin

American countries, which has a macro perspective and is based on the national priorities of Latin American countries.

The cooperation with China is very important for Latin America and Peru in particular, since this cooperation is oriented to promote the development of the economic structure, including trade, technology, sustainable growth and cultural institutions in the region.

[B]China's cooperation with Latin American countries including Peru has endured over a long period.

In 2012, Chinese government offered $10 billion in credit for infrastructure projects. The cooperation offered by the Chinese government included infrastructure, industrial development and food security, and was the most generous amount offered to Latin America at that time.

[E]It is important to highlight that it is not China that is looking to offer this cooperation to Latin America, but the Latin American countries that are looking for Chinese cooperation, because the BRI cooperation is a non-conditional cooperation, which responds to Latin American priorities and it includes bilateral and regional projects.

There has been a significant increase in the number of countries joining in the initiative. So far, 21 countries in Latin America have signed agreement over the jointed construction of the Belt and Road, with the cooperative field continuing to expand.

[C]No other regional project has the same perspective,

geographical coverage and funds than BRI for the benefits of Latin America economies, which is why more Latin American countries are joining this initiative.

语篇 II 的语类结构为 H^C^B^E^C。标题部分（H）在该语篇中出现了一次，且位于其他成分之前，是对评论部分的简要概括，总结了社论主体内容："一带一路"倡议大力促进拉丁美洲区域发展。

背景部分（B）出现了一次，位于第一次评论之后，回顾了中国同以秘鲁为代表的拉美国家合作的历史背景。中国同拉丁美洲的合作早在 2012 年已展开，中国政府为拉丁美洲的基础设施建设提供信贷，同时还助力当地工业、农业发展和基础设施建设。背景部分为第二个评论部分中更多拉美国家加入该倡议提供合理论据，增进读者对于评论部分的理解。

解释部分（E）出现了一次，位于背景之后。解释部分阐述了中国同拉美国家之间能达成亲密合作的原因。相对于中国，拉丁美洲国家更需要"一带一路"倡议的项目合作以带动其区域经济，因为"一带一路"倡议与拉美国家的合作以拉美国家的经济建设为重点，能为其带来巨大利益，合作前景广阔。同时，解释部分提供了当前"一带一路"倡议在拉丁美洲的发展状况。目前共有 21 个拉美国家选择加入"一带一路"倡议，并且合作领域不断扩大。解释部分消除了读者对于前文背景部分中国与拉美国家长久合作原因的疑问，加深读者对评论部分除拉丁美洲国家外更多国家加入"一带一路"倡议的理解，同时增进读者对于"一带一路"倡议在拉丁美洲的发展状况的了解。

评论部分（C）一共出现了两次。第一次出现于标题之后，全文开篇评价了加入 "一带一路" 倡议对于拉美国家的意义。该倡议对于以秘鲁为代表的拉美国家的经济增长具有重要作用。"一带一路" 倡议充分考虑了拉美国家的实际需求，能促进当地经济结构改革与发展。该评论与标题部分相互呼应，深化社论主题，吸引读者深入阅读。第二次出现于全篇末尾，该评论部分分析了更多拉美国家选择加入 "一带一路" 倡议的根本原因。"一带一路" 倡议提供的合作、地域规模和资金数优于其他区域项目，能够充分拉动拉丁美洲经济发展，带来更多利益。第二次评论是第一次评论部分的延续，进一步呼应标题部分，以背景部分和解释部分的信息为基础，说明 "一带一路" 倡议对拉丁美洲的价值。

总而言之，"一带一路" 官方社论主要涉及 "一带一路" 倡议的相关事实、对他国政府或媒体言论的回应，以及中方对 "一带一路" 倡议相关问题的观点和立场，旨在帮助读者理解 "一带一路" 倡议的内涵，了解相关合作项目的发展动态。通过分析 "一带一路" 社论的语类结构潜势，我们可以探究 "一带一路" 社论语篇的各个部分使用情况、语篇构建方式和目的；通过揭示该语类结构潜势，我们能够帮助读者了解其背后的语言特点，引导读者正确认识 "一带一路" 倡议的本质和意义，帮助相关人士正确理解 "一带一路" 社论的交际目的。

基于本章的研究成果，下一章将从态度系统出发，探索态度资源在 "一带一路" 官方社论语篇的标题、议题、解释、背景和评论五个结构成分中具有的分布特点和人际意义。

第九章

"一带一路"官方社论
态度资源分析

中国"一带一路"官方话语对外传播研究

A Communication Study of China's Official Discourse
on the Belt and Road Initiative

本章将基于第八章的研究成果，即在"一带一路"官方社论语类结构的基础上，对该话语的态度资源进行定量统计和定性分析。

一、官方社论态度资源总体分布

本节首先探讨态度资源在"一带一路"官方社论中的整体分布，随后进一步分析态度资源在标题、议题、解释、背景和评论这五个结构成分中各自的分布情况。

根据语类结构特征对"一带一路"官方社论的五个部分进行定量分析，统计出"一带一路"官方社论态度资源分布数据，如表9-1所示。

表9-1中数据显示，从整体分布上看，"一带一路"官方社论态度资源中占比最高的为判断资源（47.01%），第二是鉴赏资源（40.17%），第三为情感资源（12.82%），其中鉴赏资源中的构成（18.68%）最为明显。由此可见，"一带一路"官方社论尽量避免使用感情色彩浓重的表达，而是通过相对客观表述传达官方社论对主体事件的评价。

表 9-1 "一带一路"官方社论态度资源分布

态度资源		官方社论										
		标题部分		议题部分		解释部分		背景部分		评论部分		总计	
		数量	比例/%	数量	比例/%	数量	比例/%	数量	比例/%	数量	比例/%	数量	比例/%
情感	高兴	0	0.00	1	2.33	0	0.00	2	0.98	4	1.59	7	0.86
	满意	1	5.00	4	9.30	6	2.01	11	5.37	27	10.71	49	5.98
	安全	1	5.00	3	6.98	8	2.67	16	7.80	21	8.33	49	5.98
	合计	2	10.00	8	18.60	14	4.68	29	14.15	52	20.63	105	12.82
判断	规范性	0	0.00	3	6.98	17	5.69	18	8.78	11	4.37	49	5.98
	能力性	7	35.00	8	18.60	63	21.07	32	15.61	31	12.30	141	17.22
	毅力性	2	10.00	6	13.95	57	19.06	27	13.17	28	11.11	120	14.65
	得体性	3	15.00	1	2.33	13	4.35	10	4.88	42	16.67	69	8.42
	真实性	0	0.00	0	0.00	4	1.34	2	0.98	0	0.00	6	0.73
	合计	12	60.00	18	41.86	154	51.51	89	43.41	112	44.45	385	47.01
鉴赏	反应	0	0.00	2	4.65	23	7.69	9	4.39	3	1.19	37	4.52
	构成	1	5.00	9	20.93	79	26.42	47	22.93	17	6.75	153	18.68
	价值	5	25.00	6	13.95	29	9.70	31	15.12	68	26.98	139	16.97
	合计	6	30.00	17	39.53	131	43.81	87	42.44	88	34.92	329	40.17
总计		20	100.00	43	100.00	299	100.00	205	100.00	252	100.00	819	100.00

　　将态度系统下的三类资源分别置于 "一带一路" 官方社论的五个结构成分中，可以发现，情感资源占比从高到低依次为：评论部分（20.63%）、议题部分（18.60%）、背景部分（14.15%）、标题部分（10.00%）、解释部分（4.68%）。判断资源占比从高到低依次为：标题部分（60.00%）、解释部分（51.51%）、评论部

分（44.45%）、背景部分（43.41%）、议题部分（41.86%）。鉴
赏资源占比从高到低依次为：解释部分（43.81%）、背景部分
（42.44%）、议题部分（39.53%）、评论部分（34.92%）、标题部
分（30.00%）。可以发现，三类态度资源在"一带一路"官方社
论各个结构成分中的分布也不尽相同。

为了进一步比较"一带一路"官方社论各个部分的主观倾
向，我们也统计了态度资源这一带有感情色彩的表述在"一带一
路"官方社论五个结构成分中的出现频率，如表9-2所示。

表9-2 "一带一路"官方社论各部分态度资源的出现频率

结构成分	态度资源数	总词数	出现频率/%
标题部分	20	198	10.10
议题部分	43	1189	3.62
解释部分	299	4453	6.71
背景部分	205	3841	5.34
评论部分	252	4165	6.05
总计	819	13846	32.27

由表9-2数据可知，态度资源在"一带一路"官方社论五
个结构成分之间的分布差异明显，态度资源出现频率从高到低
依次为：标题部分（10.10%）、解释部分（6.71%）、评论部分
（6.05%）、背景部分（5.34%）、议题部分（3.62%）。由此可见，
"一带一路"官方社论中主观倾向最为突出的当属标题部分。正
如前文所说，标题是对"一带一路"核心事件的议论范围、中心
论点或基本倾向的简短概括，目的在于提示中心事件和传达部分
评论，引起受众的关注和思考。标题部分往往使用态度资源，凸

显中国在 "一带一路" 建设中帮助共建国家发展经济，造福世界的责任与担当，同时，标题往往较为简短，往往只含有一个态度资源。因此，标题部分的态度资源占比在五个部分中是最高的，为 10.10%。

综上所述，"一带一路" 官方社论的态度资源在整体上呈现出 "判断资源>鉴赏资源>情感资源" 的特点，并且态度资源在话语的五个结构成分中的分布也各具特色。接下来我们将基于 "一带一路" 官方社论的五个结构成分，进一步分析态度资源下情感、判断和鉴赏三类资源更为具体的分布特点，讨论 "一带一路" 官方社论如何通过态度系统引导读者正确认识相关事件，促进读者了解 "一带一路" 倡议，树立中国负责任、有担当的国家形象。

二、各类态度资源

（一）情感资源的分布特征与交际目的

情感资源用于评价说话人的情绪性反应，这种反应是说话人与生俱来的，包含高兴、满意和安全三类。

将情感资源置于 "一带一路" 官方社论的语类结构下观察，可以发现，情感资源出现频率最高的部分是评论部分（20.63%），这与评论部分的语篇功能有关。评论部分是评论主体对社论核心事件的概括和论述，旨在展示评论主体的态度和立场，因此评论主体会运用含有情感色彩的表述。具体来说，情感资源里满意和安全的出现频率均在评论部分达到最高点，前者达到 10.71%，后者达到 8.33%。评论部分的满意以传达积极态度的词组为主，以传达消极态度的词组为辅，前者包含 be willing to，be keen to，advocate，welcome 等 19 个态度资源，用以传达在"一带一路"框架下顺利开展的互利合作给中方带来的成就感，而后者体现为 contempt，do not welcome，slander 等 8 个表述，旨在清晰呈现中方因针对"一带一路"的无端指责和不实论调而产生的不悦情绪（见例 9-1 至例 9-6）。

例 9-1：China upholds mutually beneficial cooperation along the BRI. Under this framework, China is willing to [+满意] use its advanced 5G technology to help other countries develop their wireless networks, fulfilling its promise to promote common prosperity of the world.（*Global Times*, 2019-06-13）

例 9-1 是对中国坚持"一带一路"合作，帮助他国建设无线网络的正面评价。面对美国在信息科技领域的打击，中国坚定秉持"一带一路"的原则，利用本国先进科技积极帮助其他国家发展信息科技，体现出共建人类命运共同体的大国担当。此评价部分中的"is willing to"属于情感资源中的满意，它们指引目标读者正确认识美国打击中国华为公司的真实目的，深刻感受中国在共建"一带一路"框架下推进信息技术领域务实合作的决心。

例 9-2：BRI is a hugely ambitious project and members of the public and the media, <u>are keen to</u> [+满意] see tangible results. (*China Daily*, 2019-12-14)

例 9-2 是对 "一带一路" 倡议的积极评价。此评价不仅肯定了 "一带一路" 倡议的贡献，同时传达了民众继续支持 "一带一路" 倡议的态度。运用情感资源中的满意资源（are keen to）认同 "一带一路" 倡议能够有效推进经济发展，同时流露出对 "一带一路" 倡议的成就感。

例 9-3：Some Westerners are surprisingly extreme and self-righteous. Clearly, developing countries <u>do not welcome</u> [−满意] the "Debt Trap" theory and show their <u>contempt</u> [−满意] toward rumors that they have become victims of Chinese neocolonialism, while some people in the West still advocate such fallacies. <u>Slandering</u> [−满意] China reveals delusional and unreasonable thinking. (*Global Times*, 2019-04-26)

例 9-3 是对恶意抹黑和攻击中国的西方批评者的消极评价。为了攻击中国，一些西方评论者已经失去了运用逻辑和常识，甚至理性思维的能力，无视中国做出的经济贡献，大肆宣扬中国设置 "债务陷阱"。do not welcome，contempt，slandering 通常伴随着评价者的消极情感。在该语境中这三个词明确表达了中国政府对于一些西方人诋毁"一带一路"合作行为的不满之情，而这一强硬反对也展现出中方有信心、有实力、有底气深入推进"一带一路"合作，实现多国互惠共赢的决心。

此外，情感资源中安全的使用也体现出积极表述远大于消极表述的特征。安全资源由 believe，have full confidence，be confident of 等 14 个表达组成，从情感层面展露出中方对"一带一路"合作伙伴的信任以及坚持高质量共建"一带一路"的理想信念；不安全资源则涉及 fail to see，be concerned about 等 7 个表述，表明部分国家及个人还是对"一带一路"倡议表示担忧。

例 9-4：A conference was held Thursday at Milan to discuss ways to seize opportunities from the China-proposed Belt and Road Initiative. China National Tire & Rubber CEO Filippo Maria Grasso was present. "I <u>believe</u> [+安全] the Silk Road（Belt and Road Initiative）can be defined as a relationship model—infrastructural, technical, cultural, technological—but most of all it is a great system of meetings: it will bring not only goods but also ideas," Grasso said.（*China Daily*, 2018-06-29）

例 9-4 是中国化工橡胶公司首席执行官格拉索（Filippo Maria Grasso）对"一带一路"倡议关系模式和会议体系所给出的积极评价。中国倡导的"一带一路"多边合作不仅同共建"一带一路"国家交流了文化，更重要的是提供了基础设施建设和技术上的支持。如果格拉索没有运用情感资源中的安全资源（believe），那么目标读者就无法深刻体会 "一带一路" 倡议使格拉索感受到的自信与自豪。

例 9-5：China <u>has full confidence</u> [+安全] and the ability to win the battle against the COVID-19. It also <u>believes</u> [+安全] that after the epidemic, the BRI will show greater vitality. This is the big picture that Western media <u>fail to see</u> [-安全].（*Global Times*, 2020-02-19）

鉴于西方媒体对于 "一带一路" 项目在持续的新冠疫情下能否继续的质疑，评价主体给出了例 9-5 中的评价。该句通过情感资源中的安全资源 "has full confidence" 和 "believes"，阐明中国政府对于战胜新冠疫情的决心，和对疫情后的 "一带一路" 倡议发展前景的期待。该正面评价一方面展现出中方建设 "一带一路" 项目的意愿与决心，另一方面有助于引导读者正确认识西方国家的抹黑言论，纠正舆论，同时也有助于吸引更多志同道合的国家加入。该评论中的不安全资源（fail to see）表明西方媒体对 "一带一路" 建设心存猜疑和顾虑。

例 9-6：It <u>is concerned about</u> [-安全] China's rise that has made the world's major developed countries hesitate to join the initiative.（*China Daily*, 2019-03-24）

例 9-6 是对七国集团中没有一个发达国家加入"一带一路"倡议的现象做出的评论。该评论里的不安全资源（is concerned about）表明世界主要发达国家对"一带一路"倡议发展前景的担忧，但这些带有消极态度的评价词也显示出中方对他国态度的重视，中方会在"一带一路"倡议中用实际行动进行更好的互联互通以促进经济全球化，来吸引更多的发达国家加入。

在评论部分，满意是出现频率最高的情感资源，其次是安全，这两类资源均属于较为主观的情感资源。在评论部分使用满意资源，有益于增进目标读者对"一带一路"倡议取得成就的骄傲感和自豪感。尽管社论作者不是以参与者的角色直接加入"一带一路"建设，但是作为倡议发起国（中国）的媒体人，在评论中增加满意资源的使用能极大地表现作者的民族自信心与自尊心并感染目标读者。在评论部分使用安全资源，有益于目标读者认清那些妄图抹黑"一带一路"倡议的人的真正意图，使读者对"一带一路"倡议的本质产生更加深刻的理解和认识。

（二）判断资源的分布特征与交际目的

判断是对人的性格和行为的判断、评判，分为社会尊重和社会许可两类，前者又可细分为规范性、能力性和毅力性，后者可细分为得体性和真实性。

将判断资源置于"一带一路"官方社论的语类结构下观察，可以发现，整体上判断资源在标题部分占比最高，为 60%。主要原因在于标题是对论题、论点的简短概括，是对评论部分的精炼，因此往往会涵盖能力性资源，以此凸显出"一带一路"倡议在帮助共建国家发展经济，造福世界方面的能力，同时，由于标题往往较为简短，致使标题往往只含有一个态度资源（见例 9-7 至例 9-14）。

例 9-7：BRI <u>can empower</u> [+能力性] Africa's women and young people（*China Daily*，2022-04-13）

此标题运用态度资源的能力性凸显出 "一带一路" 倡议在造福非洲女性和年轻人方面的作用。

判断资源在解释部分占比紧随其后，为 51.51%，这是因为在补充社论核心事件相关信息的时候，评论主体会着重列举 "一带一路" 倡议已取得的显著成就和中国对 "一带一路" 建设的美好愿景。

具体来说，标题部分是判断资源中的能力性出现频率最高的部分，为 35%。正如前面所述，标题的性质和简短性特征使能力性在标题部分的占比相较于其他部分要高出很多。

解释部分中判断资源中的能力性占比仅次于标题部分，为 21.07%。该部分的能力性资源涵盖 can, successfully operating, have advanced, have provided, launch 等 63 个表达，有效说明 "一带一路" 倡议促进各方经济发展，实现合作共赢的实力是有目共睹的。

例 9-8：The company's trade service has been <u>successfully operating</u> [+能力性] for four years, with a total of 200 trains being launched, and a total import value surpassing 10 billion yuan, significantly supporting BMW's local production.（*Global Times*, 2022-06-23）

例 9-8 是针对"一带一路"倡议下中欧铁路服务快速发展带来的价值所作出的说明，充分肯定了"一带一路"倡议的重要作用。判断资源中的能力性资源（successfully operating）点明了"一带一路"倡议取得的显著成就，为各国合作与发展提供了新的动力。毫无疑问，包含了能力性评价的上述表达具体展现并充分肯定了"一带一路"倡议在推进当地经济建设与促进民生方面发挥的重要作用。

例 9-9：China <u>has advanced</u> [+能力性] a large number of cooperation projects, which have boosted economic development and improved people's lives in the Belt and Road countries, while making efforts to ensure the initiative promotes peace, openness, innovation and green development, and provides public goods.（*China Daily*, 2021-11-19）

例 9-9 是对"一带一路"倡议的作用和目标的进一步补充说明。该解释部分运用判断资源中的能力性资源（has advanced）肯

定中国政府在促进 "一带一路" 国家经济发展的正面作用，这在一定程度上能有效维系、加深并拓宽中国与其他国家在 "一带一路" 建设方面的合作，同时可以吸引其他观望国家的加入和合作。

例 9-10：China-Pakistan Economic Corridor（CPEC）project has so far provided [+能力性] jobs to 70,000 Pakistanis in the last five years and will generate more than half million more employment opportunities in future.（*China Daily*, 2018-08-09）

例 9-10 是对中巴经济走廊的当前取得成就这一客观信息的补充说明，目的是消除读者疑虑，增加读者对中巴经济走廊的进一步了解。该解释部分中着重列举了该项目过去五年为当地居民创造的就业岗位数量（70000 个）和未来可能创造的就业岗位数量（超 50 万个）。该句通过判断资源中的能力性资源（has so far provided），正面展现了中巴经济走廊在 "一带一路" 框架下的经济建设能力和促进就业的能力，彰显了中方高质量共建 "一带一路" 的能力和信心。

同时，毅力性资源在解释部分的出现频率高于它在其他部分的出现频率，为 19.06%。stand ready to，be committed to，continue to 等判断资源中的毅力性表述有效展现出中方对高标准、惠民生、可持续的 "一带一路" 发展承诺的坚守。

例 9-11：Just as the memorandum says, the two countries <u>stand ready to</u> [+毅力性] strengthen the alignment of the Belt and Road and the Trans-European Transport Network and deepen their cooperation in ports, logistics, marine transportation and other areas.（*China Daily*, 2019-03-24）

例 9-11 是对中意签署谅解备忘录的内容和愿景进行进一步说明。在中意签署"一带一路"合作谅解备忘录的过程中，一些发达国家对于加入"一带一路"倡议犹豫不决，主要原因是他们对"一带一路"倡议持有怀疑态度，认为该倡议是一种经济侵略，又或是畏惧于世界唯一超级大国的压力。stand ready to 通常涉及评价者的正面判断，在社论所给出的上述解释中，判断资源中的毅力性表达体现出中国政府对于促进经济合作共赢，同合作国家共同对抗日益抬头的单边主义和贸易保护主义的决心。

例 9-12：In line with the BRI agreements, Kenya <u>is committed to</u> [+毅力性] promoting a free trade regime in an open world economy while embracing the trends toward a multipolar world, economic globalization and cultural diversity.（*China Daily*, 2022-07-28）

例 9-12 是对肯尼亚政府在加入"一带一路"倡议后所作努力的客观说明。借助判断资源中的毅力性资源（is committed to），能够清楚看到肯尼亚政府会继续作为中国的"一带一路"合作的坚定伙伴，在共商共建共享的原则下继续加强合作，进一步促进自由贸易制度的完善和发展，更好造福两国人民。毫无疑问，这不仅能让世界各国感受到中国和肯尼亚携手共进的战略伙伴关系，也能让更多国家在看到中国政府和人民的实力和毅力后加入"一带一路"倡议。

例 9-13：When Chinese companies discuss projects with foreign parties, they have learned from past projects that were eventually shelved. They conduct <u>thorough</u> [＋毅力性] research and <u>make greater efforts</u> [＋毅力性] on pertinent work which increases BRI reliability.（ *Global Times*, 2019-04-26 ）

在面对西方国家和美国对"一带一路"倡议的不合理指责时，例 9-13 进一步说明了"一带一路"倡议提高"一带一路"建设可靠性的主要方法是深入研究和与外国各方探讨。该解释部分运用判断资源中的毅力性资源（thorough 和 make greater efforts），强调中国的企业在"一带一路"项目上做出的积极努力，充分体现了中方致力于建设质量高、可靠性强的"一带一路"合作平台。有了这一正面判断，中方有担当、负责任的大国形象得到了有效呈现。

此外，得体性在评论部分达到了自身出现频率的最高点，为16.67%。评论部分的得体性包含正面资源和负面资源。与情感资源中满意和安全不同的是，评论部分的得体性表现出负面词语占据明显优势的特征。正面资源包含 should，fair，deserve 等 15 个表达，负面资源包含 should stop，accusation，lie concocted by 等 27 个表达。不管是正面表述还是负面表述，都体现出中方反对有意干扰"一带一路"合作的行为，以及对于维护地区和平、加强合作的决心，充分展现出中国的责任和担当。

例 9-14：Therefore, it would be <u>fair</u> [+得体性] to state that the FTAs would lay the groundwork for improving the rules and regulations of global trade and investment.（*China Daily*, 2020-12-09）

例 9-14 是对自由贸易协定所起作用的积极评价。该评论部分用判断资源中的得体性资源（fair）强调自由贸易协定在改善全球贸易和投资环境上扮演重要角色，这一评价表达出自由贸易协定有助于推动现有制度改革和优化国际贸易，有助于吸引其他经济体同中国展开进一步合作。

总而言之，判断资源中的能力性在标题部分和解释部分最为明显。能力性资源公开展现并认可了"一带一路"项目建设的综合能力，尤其是他们在民生、基础设施建设和经济贸易等方面的强大生命力。毅力性在解释部分达到自身峰值，主要原因在于解释部分会针对目标读者不了解的"一带一路"倡议的细节进行补充说明，往往涉及"一带一路"参与成员对"一带一路"倡议的看法和态度，以及中方对深入推进"一带一路"建设的承诺和决心。这有助于中方与世界各国在"一带一路"倡议的框架下全方位合作，实现共同发展和繁荣。判断资源中的得体性在评论部分的出现频率最高，这是因为评论部分通常意在回击他国媒体和政客故意用 "一带一路" 倡议抹黑和攻击中国、破坏地区和平的霸权行为。判断资源中的得体性在评论部分的重点使用，能够给予恶意抹黑者沉重一击，这不仅明确展现中国反对肆意干扰破坏 "一带一路" 建设行为的强硬态度，也能引导目标读者认清他国媒体和政客的真实目的。

（三）鉴赏资源的分布特征与交际目的

鉴赏资源用于评价客观事物或自然现象，包含反映、构成和价值三类。

将鉴赏资源置于 "一带一路" 官方社论的语类结构下，可以看出三类鉴赏资源的整体表现，其中构成表现突出，占比为 18.68%，其次是价值，占 16.97%，最后是反应，只占 4.52%。结合具体的结构成分来看，构成在解释部分中的占比最高，为 26.42%。由于构成强调的是人对事物的感知（Martin & White, 2005），"一带一路" 官方社论解释部分的构成资源主要涉及对 "一带一路" 倡议自身原则、具体项目的内容成果以及各参与国的状况等信息的客观描述。在此过程中 open, global, massive, economic 等表述展现出 "一带一路" 参与国尤其是中方对于 "一带一路" 相关要素的正面评价（见例 9-15 至例 9-20）。

例 9-15：Since 2017, China-Europe freight train service starting from Chongqing have transported a total of 15-billion-yuan worth of imported and exported vehicles, promoting the deep integration of the vehicle industry chain along the Belt and Road Initiative route. BRI builds an <u>open</u> [+构成] platform of cooperation, and can provides new impetus for cooperation and development among countries. (*Global Times*, 2022-06-23)

　　例 9-15 是对中欧货车促进中欧贸易方面发挥重要作用的客观说明。该解释部分特别列举了 2017 年以来，以重庆为起点的中欧货运列车服务运输的进出口车辆价值，和"一带一路"倡议在此过程中发挥的作用。在该语境中，构成资源指引目标读者认清"一带一路"倡议是面向所有志同道合的国家的合作平台，能够为各国发展提供新的机遇。

　　例 9-16：BRI is by far one of the largest infrastructure and investment projects in history, covering more than 68 countries, including 65 percent of the world's population and 40 percent of the global GDP as of 2017 [+构成]. Belt and Road is a massive trade and infrastructure project [+构成] that aims to link China physically and financially to dozens of economies across Asia, Europe, Africa, and Oceania.(*China Daily*, 2018-08-09)

　　例 9-16 是社论作者对"一带一路"倡议项目本质和目的的补充说明。在该解释部分里，评价主体借助鉴赏资源中的构成，让目标读者将注意力集中在 "一带一路" 建设具体项目的本质和规模以及目标上，"一带一路" 倡议本质是基础设施建设和投资项目，且规模庞大，涵盖国家数目众多（68 个），目标是连接各大经济体。在这些构成资源的支撑下，该解释部分显得更为充实，"一带一路" 建设的强大韧性和美好发展前景也得到了进一步彰显。

例 9-17: BRI has brought more clean water, electricity, roads, bridges, schools, hospitals and industrial parts to quite a few countries and regions. The cities, which are becoming transport hubs along the route, are emerging sharply [+构成], just like Shenzhen after reform and opening-up. (*Global Times*, 2020-02-19)

例 9-17 是对 "一带一路" 项目在其他国家建设细节和沿线城市发展情况的补充说明。该部分详细说明了 "一带一路" 项目给参与成员国带来的民生便利（洁净水和电）、基础建设上的帮助（道路、医院等）和对沿途城市经济发展的帮助。该解释部分运用鉴赏资源中的构成资源（sharply）来正面评价 "一带一路" 项目对沿途城市经济增速的作用，以增进目标读者对 "一带一路" 建设细节的了解，认清 "一带一路" 项目的目标和本质。

鉴赏资源中的价值在评论部分出现频率最高，为 26.98%。此外，积极价值描述的数量远高于消极价值描述，所有语料中总共 139 个价值资源，其中 131 个为积极的价值描述，如 the most important, inerasable, a key highlight, be contributing to, opportunities, an important platform, play a supporting role 等, 而这些都表明 "一带一路" 倡议在国际上有着广泛而深切的影响, 尤其是在参与国的社会发展和民众福祉等方面具有深远效用。

例 9-18: Among these are spice route, incense route, amber route, tea route, salt route, trans-Saharan trade route, tin route but <u>the most important</u> [+价值] among them which left an <u>inerasable</u> [+价值] mark on the map of the world was the Silk route.(*China Daily*, 2018-08-09)

例 9-18 陈列了从古至今流行的贸易路线, 销售原料涵盖丝绸、香料、茶、盐等, 其中丝绸之路贡献最大。积极的价值描述 the most important 和 inerasable 充分肯定了丝绸之路的重要性。丝绸之路历史悠久, 它见证了中国同其他国家贸易往来的历史进程, 从而带动沿途国家发展, 是中国历史乃至世界历史上不可或缺的重要组成部分。

例 9-19: Many Belt and Road projects <u>are already contributing to</u> [+价值] the UN Environment Program's Medium-Term Strategy that looks, among other things, at resource efficiency, climate change, healthy and productive ecosystems and environmental governance, which tie into the UN Sustainable Development Goals. (*China Daily*, 2021-11-19)

例 9-19 是对"一带一路"项目价值的正面评价。共建"一带一路"开放、绿色、廉洁的理念与联合国环境规划和联合国可持续发展规划不谋而合。评论部分中 are already contributing to 属于积极的价值描述,"一带一路"项目对资源利用的重视、对生态系统治理和人类健康的关注,凸显出中国作为该倡议发起国不仅注重经济发展,也注重生态保护的大国责任与担当。

例 9-20: Since the COVID-19 outbreak, the significance [+价值] of the construction of the CPEC has become a key highlight [+价值] for the country's economic development. The construction of the CPEC will play a supporting role [+价值] in Pakistan's economic recovery in the post-pandemic era. (*China Daily*, 2021-11-19)

例 9-20 是对中巴经济走廊建设在后疫情时代作用的正面评价。通过 significance、key highlight 和 supporting role 这三个价值短语,可以看出中巴经济走廊是疫情时代促进巴基斯坦经济发展的重要建设机遇,也是"一带一路"建设中不容忽视、不可替代的重要存在。巴基斯坦应抓住机遇,制定科学发展计划,推动具有竞争优势的国内产业发展。这些鉴赏资源中的价值表述进一步彰显了中巴经济走廊的魅力。

总而言之,鉴赏资源中的构成在解释部分占据主导地位,因为对"一带一路"的宣传需要有充足的证据。构成资源提供了"一带一路"建设相关内容的客观信息,使用构成能让解释部分

显得更加具有说服力，从而能够吸引更多国家和国际组织加入
"一带一路"建设。鉴赏资源中的价值在评论部分占据主导地位。
评论部分是"一带一路"官方社论中的必要成分，评论主体通过
旗帜鲜明的价值资源，向目标读者清晰地展现了"一带一路"倡
议对参与国家和对世界经济和民生等方面的贡献。

三、官方社论态度资源定性分析

本节将抽取两篇完整的"一带一路"官方社论，并分别结合
其语类结构进行态度资源分析，更加深入地展现并验证前文所描
述的态度资源特征。

语篇III是 *China Daily* 于 2021 年 12 月 1 日发表的官方社论，
是针对印度智库观察家研究基金会在报告中抹黑中国的回应。社
论原文如下。

语篇III

[H]Belt and Road Initiative makes winners of all [+价值]

[T]India-based think tank, the Observer Research Foundation,
published a report on its website last week by one of its experts, which
claimed that "China is probably exporting its carbon emissions to the
Belt and Road nations [−安全]".

[C]This is another attempt to misportray [−得体性] the initiative
as being advantageous to China at the expense of [−得体性] partner

countries and to <u>smear</u> [−得体性] its climate-action credentials as mere <u>greenwashing</u> [−得体性]. The <u>ever-growing number of countries, regions and organizations</u> [+构成] participating in the initiative serves to rebut the claim that it solely benefits China.

It would have died a natural death by now had that been the case. Instead, it continues to go from strength to strength.

[B]And <u>there are currently 134 partners in the Belt and Road Initiative International Green Development Coalition</u> [+构成], which was launched at the Second Belt and Road Forum for International Cooperation held in Beijing in April. This coalition brings together the environmental expertise of all partners to <u>ensure</u> [+能力性] that the Belt and Road brings <u>long-term green and sustainable development</u>[+构成]to all participants based on international standards and best practices.

[C]Rather than a means for China to export its carbon emissions, the Belt and Road has become <u>a vehicle for countries and regions to realize their carbon reduction goals</u>[+价值].

Those trying to <u>distort</u> [−得体性] the Belt and Road Initiative into a tool of <u>selfish</u> [−得体性] purpose have their own axes to grind. But no matter how sharp they think the edges are, they will keep being blunted by the facts and figures.

Rather than its carbon emissions, China <u>is exporting the dividends</u>[+能力性] of its development to the Belt and Road participants.（*China Daily*, 2021-12-01）

首先，该社论给出标题部分（H），该部分借助鉴赏资源中的价值客观评价了"一带一路"倡议的正面作用，表明"一带一路"建设能让所有参与者互惠共赢，这在彰显中国的大国风范的同时能有效调动更多国家和国际组织加入"一带一路"合作的决心和热情。

其次出现的是议题部分（T），由印度智库观察家研究基金会发布的报告引入社论。该部分运用情感资源中的不安全资源转述该基金会声称中国向共建"一带一路"国家出口碳排放量。

随后在评论部分（C），社论作者就印度智库观察家研究基金会报告的内容给出评价，运用判断资源中的得体性体现出这份报告是该基金会对中国"一带一路"倡议的意图抹黑。社论作者还运用鉴赏资源中的构成详细阐明了"一带一路"倡议发展的现实状况，即越来越多国家看到了该倡议能带来的巨大利益，这不仅有利于反驳该报告中的不实内容，彰显中方坚决捍卫本国利益的态度，同时有利于吸引更多经济体投身到"一带一路"建设的伟大洪流中来。

紧接着，语篇在背景部分（B）中借助鉴赏资源的构成罗列了"一带一路"倡议国际绿色发展联盟的成员数量（134个），说明"一带一路"倡议促进各国发展而不是损害各国利益，因此才能吸引众多国家的加入，有力反驳了中国向成员国出口碳排放的谣言。与此同时，判断资源中能力性和鉴赏资源中构成的使用有效证明了"一带一路"倡议具备为参与者带来长期绿色、可持续发展的能力。

最后，在评论部分（C）中，该语篇使用鉴赏资源中的价值有效展现出 "一带一路" 倡议在实现碳减排方面的作用。"一带一路" 建设将保护生态环境和发展经济贸易看得同等重要，绝不会为了实现利益最大化而破坏生态环境。接着该语篇运用判断资源中的得体性消极评价了 "一带一路" 倡议的指责者，指出他们的企图扭曲 "一带一路" 建设的实际目的是徒劳的。同时该语篇运用判断资源中的能力性说明中国有能力为 "一带一路" 倡议参与国带来切实利益。这些资源的综合运用不仅有效反驳了谣言，而且也表现出对自身能力的自信，以及本国利益不容损害的决心和态度。

总体而言，语篇Ⅲ呈现出 H^T^C^B^C 的语篇结构，并且每个部分都包含着丰富的态度资源。标题部分有效运用了鉴赏资源中的价值，议题部分运用了情感资源中的安全，在随后的评论部分运用了判断资源中的得体性和鉴赏资源中的构成，在背景部分沿用了构成并增添了判断资源中的能力性，在结尾的评论部分运用了鉴赏资源中的价值和判断资源中的得体性和能力性。有了上述语篇结构和态度资源，目标读者既能够清晰知晓中国 "一带一路" 倡议的现实情况和实际目的，看清那些意图抹黑和攻击 "一带一路" 倡议，加重地区冲突的行为，同时体现出中国有能力、有信心、有决心高质量发展 "一带一路" 建设，造福多方。

语篇Ⅳ是 *Global Times* 于 2020 年 12 月 23 日发表的官方社

论，主要内容为"一带一路"倡议和《区域全面经济伙伴关系协定》（RCEP）是南亚和东南亚国家经济复苏的重要选择。社论原文如下。

语篇 IV

[H] BRI, RCEP <u>best solution</u> [+价值] for South Asia and Southeast Asia recovery

[E]South Asia is <u>a developing region</u> [+构成] struggling with <u>economic and human development issues and strategies</u> [+构成]. One way to help pull them out of cycles of poverty [+价值] is regional cooperation.

[B]Speaking of <u>regional cooperation</u> [+构成] of South Asia, there are currently <u>different multilateral cooperation mechanisms</u> [+构成], including South Asia Association for Regional Cooperation (SAARC), Bangladesh-China-India-Myanmar Economic Corridor, and Bay of Bengal Initiative for Multi-Sectoral Technical and Economic Cooperation.

[C]However, the prospects of regional cooperation in the region, remain less optimistic [-反应] due to structural constraints. These entail strained India-Pakistan relations, China-India border spats and India's troublesome ties with smaller countries around the subcontinent [-构成].

In one word, it will be very difficult [-反应] to achieve better outcomes if South Asian countries rely solely on themselves and existing mechanisms.

Although the impart of COVID-19 has been dramatic, the signing of the Regional Comprehensive Economic Partnership (RCEP) <u>has brought a lot of hope to</u> [+价值] regional cooperation and <u>given fresh impetus for</u> [+价值] further economic development in Southeast Asia. China <u>has been actively exploring</u> [+毅力性] synergy between BRI and RCEP. In conclusion, under the circumstances that regional cooperation in South Asia is facing difficulties, BRI and RCEP <u>provide such a great chance to</u> [+价值] accommodate regional cooperation in both South Asia and Southeast Asia. (*Global Times*, 2020-12-23)

最先出现的部分为标题（H）。社论作者在标题中运用了鉴赏资源中的价值强调了 "一带一路" 倡议和《区域全面经济伙伴关系协定》（RCEP）在助力南亚和东南亚经济复苏方面的重要作用，向世界展示出 "一带一路" 倡议在推动世界各国振兴发展上的能力。

其次，社论作者在解释部分（E）中详细描述了南亚地区的实际状况。该部分运用鉴赏资源中的构成，准确描绘出该地区经济发展欠缺，民生保障薄弱的状态。同时，该部分运用鉴赏资源中的价值表明区域合作对南亚地区发展经济、摆脱贫困的重要助力作用，向读者展现出南亚加入区域合作是势在必行的举措。

随后，在背景部分（B）中，社论作者运用鉴赏资源中的构成对南亚地区的多边合作机制进行罗列，补充说明了南亚地区目前的多边合作状况，有利于读者深入了解南亚地区国家加入

RCEP的动机，也能让更多国家看见"一带一路"倡议为他国带来的实际效益，为中国收获更多坚实盟友。

最后，在评论部分（C）中，社论作者先运用鉴赏资源中的反映和构成负面评价了南亚区域合作的前景。该区域内紧张的国家关系在一定程度上限制了南亚区域内国家间合作的可能性，凸显出南亚国家寻求其他区域合作的必要性。接着，社论作者运用鉴赏资源中的价值明确指出RCEP在区域合作中发挥的作用，不仅能为南亚国家经济发展助力，也为东南亚提供了新动力。然后，社论作者使用判断资源中的毅力性充分肯定了中国在促进"一带一路"倡议和RCEP协作上做出的积极努力。在鉴赏资源的价值的帮助下，"一带一路"倡议和RCEP在促进南亚和东南亚区域合作的意义得以体现。判断资源和鉴赏资源的策略性运用有效展示出"一带一路"倡议造福世界各方的原则，同时充分肯定了中国在这方面的不懈努力。在此过程中，中国同各参与国携手并进，朝着构建人类命运共同体方向不断迈进。

综上所述，语篇IV的语类结构体现为H^E^B^C，而这四个成分均由多种态度资源构建而成。标题部分运用了鉴赏资源中的价值，解释部分沿用了价值的同时增加了对鉴赏资源中构成的使用，背景部分则选择继续使用构成，末尾的评论部分则搭配使用了鉴赏资源中的价值和判断资源中的毅力性。这种语篇结构和态度资源分布不仅体现出"一带一路"倡议在推动世界各国发展振兴方面的成效，也彰显了中国与世界合作共赢的大国担当。

两个语篇在态度资源运用方面的相似点在于，它们都通过标题部分有效运用了鉴赏资源中的价值，以明确传达对"一带一路"倡议的积极评价。然而，它们的差异主要体现在各部分的资源侧重点。语篇III在评论部分运用了判断资源中的得体性和能力性，以突出中国在"一带一路"倡议中的实力和决心，并明确反对抹黑行为。相比之下，语篇IV则在解释部分增强了对鉴赏资源中构成的使用，以细化对倡议成效的展示，且在末尾评论中突出了毅力性，强调中国的坚定态度和大国担当。因此，尽管两者都展示了对"一带一路"倡议的支持，但在具体的态度资源运用和表达方式上存在差异。

四、小 结

本章基于语类结构和态度系统，通过定量统计和定性分析，揭示了态度资源在"一带一路"官方社论中的分布规律和评价特点。

从整体分布上看，"一带一路"官方社论中态度资源的分布特点为"判断资源>鉴赏资源>情感资源"，这表明"一带一路"官方社论尽量避免使用感情色彩浓重的表述，而是通过相对客观的表述传达官方社论对主体事件的评价。

从具体分布上看，情感、判断、鉴赏三类资源在"一带一路"官方社论五个结构成分中的分布不尽相同。情感资源在"一带一路"官方社论中的占比从高到低排序分别为评论部分、议题部分、背景部分、标题部分、解释部分，判断资源的占比从高到低分别为标题部分、解释部分、评论部分、背景部分、议题部分，鉴赏资源的占比从高到低分别为解释部分、背景部分、议题部分、评论部分、标题部分。情感资源里满意和安全的出现频率均在评论部分达到最高点。此外，满意和安全的使用都体现出积极表述大于消极表述的特征。判断资源中的能力性出现频率最高的两个部分同判断资源整体一致，分别对应标题和解释。判断资源中的毅力性在解释部分出现了使用频率的最高峰。同时，得体性在评论部分达到了自身出现频率的最高点，且表现出消极表述高于积极表述的特征。鉴赏资源中构成在解释部分中的占比最高，鉴赏资源中的价值在评论部分中的出现频率最高。

第十章

结　论

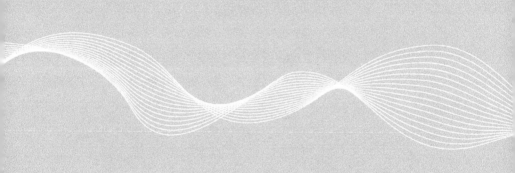

第十章

引 言

中国"一带一路"官方话语对外传播研究
*A Communication Study of China's Official Discourse
on the Belt and Road Initiative*

在这一章中，我们首先总结主要发现，即外交部发言人"一带一路"话语、"一带一路"公共演讲和"一带一路"官方社论的语类结构潜势，态度资源的分布特征及其人际意义，随后点明本研究的启示和局限性。

一、研究发现

（一）外交部发言人"一带一路"话语

第一，外交部发言人"一带一路"话语的语类结构潜势可总结为 $B^\wedge \cdot (C^\wedge \cdot)(E^\wedge \cdot)(A^\wedge \cdot)(S^\wedge \cdot)$。具体来说，外交部发言人"一带一路"话语包含背景（B）、评论（C）、解释（E）、期望（A）和建议（S）五个结构成分。背景指外交部发言人对提问事件之外的类似事件或相关事件进行事实回顾、罗列，旨在为中方的立场、观点给出依据支撑。解释则是记者提及"一带一路"建设具体项目时，外交部发言人所给出的该事件发生的原因、当前状况、参与人士所作发言等客观信息，这一阐释性说明能有效消除目标群众对于"一带一路"合作规划的疑问和顾虑。评论涉及中方对主体事件的态度、立场以及该事件真假、是非、利弊、意义、重要性等主观表述，意在展现中国捍卫本国正当权益、反击他国不当言行的坚定立场。期望是外交部发言人在表达中国政府未来的外交意愿、方向、决心和信念等事项，旨在从更广的层面展现中国的外交态度和国家实力。建议指在中国政府看来，他国政府、机构和群体等国外对象与中方往来时可以采取或需要采取的措施和态度，通常意在强硬反击他国人士抹黑共建"一带一路"倡议、损害中国权益甚至挑衅中国底线的不当言行。在这五个结构成分中，背景为必要成分，其余四者为可选成分，换言之，每次中国外交部发言人在例行记者会上给出共建"一带一路"倡议相关回答时，必定介绍背景，但不一定给出评论、解释、期望或建议。此外，五个结构成分没有确定的出现顺序，也没有固定的前后搭配，但有可能重复出现。

第二，态度资源在外交部发言人"一带一路"话语结构中的分布及其人际意义也得到展现。从整体来看，该语类中的态度资源占比从高到低依次为：鉴赏资源、判断资源、情感资源。由此可见，外交部发言人"一带一路"话语并不是夸夸其谈的自我说辞，而是带有感情色彩却依然较为客观、理性的评价表述。从局部来看，态度资源在五个结构成分中的分布也各具特色。在背景部分，外交部发言人重点运用鉴赏资源中的构成和价值，回顾罗列"一带一路"相关事件并表达中方的真情实感，从而有理有据地宣传"一带一路"的优势和价值。在解释部分，外交部发言人不仅重视构成资源和价值资源，也充分运用判断资源中的能力性，给出主体事件的出现缘由、当前状况等客观信息，公开展现并肯定"一带一路"建设参与者的实力与贡献，以此维系、加深并扩大与各方的"一带一路"合作。在评论部分，外交部发言人除了保持着价值资源的主体地位，还明显加强对情感资源中的满意和安全的使用，直接流露"一带一路"建设参与者尤其是中国政府的真情实感，让各方看到中国既是"一带一路"合作的倡议者，也是负责任、有担当的行动者。在期望部分，外交部发言人着重运用判断资源中的毅力性，展现中方坚定不移推动共建"一带一路"高质量发展的态度，凸显共建"一带一路"倡议旺盛的生命力。在建议部分，外交部发言人倾向于使用判断资源中的得体性，回应以共建"一带一路"倡议为由无端损害中国权益甚至挑衅中国底线的不当言行，向世界各方尤其是"一带一路"合作伙伴展现中国的强大。

（二）"一带一路"公共演讲

第一，"一带一路"公共演讲的语类结构潜势可以总结为 $G \wedge B \hat{} \cdot M \hat{} \cdot (S \cdot)(A \hat{} \cdot)$。具体来说，"一带一路"公共演讲包含寒暄（G）、背景（B）、举措（M）、意义（S）和期望（A）这五个结构成分。寒暄指演讲者对参加"一带一路"会议的国家元首、政府首脑、国际组织负责人以及嘉宾表示热烈欢迎和诚挚感谢。其目的是拉近关系和调节气氛，为之后的演讲主题进行铺垫。背景指当前世界经济和全球发展的现状以及共建"一带一路"倡议提出以来所取得的标志性成果，一方面为演讲者提出的举措进行铺垫，另一方面为举措提供依据支撑。举措指深化共建

"一带一路"以及构建人类命运共同体所提出的具体实施措施。举措是依据演讲中背景部分提出的，旨在让各成员国知道中国将同世界各国携手努力，为世界发展做出贡献。意义指共建"一带一路"倡议提出到蓝图逐步绘就以来，对于经济全球化和世界发展的积极影响。意义的提出肯定了之前共建"一带一路"的努力，更好地向世界人民宣传共建"一带一路"倡议。期望指演讲者对于共建"一带一路"会开创美好未来表达的期待和祝愿，旨在更深层次地展现中国想同世界各国一起构建人类命运共同体的决心。在这五个结构中，寒暄、背景、举措是必要成分，意义和期望是可选成分。演讲者在公共场合进行共建"一带一路"倡议相关演讲时，每一次必定会进行寒暄、介绍背景和提出举措，但不一定会表达期望或意义。

第二，态度资源在"一带一路"公共演讲结构中的分布及其交际目的也得到展现。从整体看，"一带一路"公共演讲中的态度资源占比从高到低依次为：判断资源、鉴赏资源、情感资源。由此可见，"一带一路"公共演讲不仅是对"一带一路"建设举措的判断评价，而且是对共建国家人民所取得成就的鉴赏评价，从而深化务实合作。从局部来看，态度资源在话语的五个结构成分中的分布也各具特色。情感资源中的高兴主要集中在寒暄部分，演讲者利用高兴来正面评价自己的心理感受，以此来表达中国政府和人民对于各方嘉宾的真诚欢迎和真挚感谢。判断资源中的能力性在举措部分的重点使用，能够证明中国的实力和潜力。判断资源中的毅力性在期望部分的重点使用是为了展示中国将竭

尽全力为"一带一路"合作注入强劲和持久的动力。期望部分扩
展了举措部分的内容，运用判断资源延续了对中国政府行为的正
面评价。鉴赏资源中的构成和价值在背景部分和意义部分占据明
显主导地位。重点使用这两个态度资源能让背景部分和意义部分
显得更加理性和客观，却又不失真情实感，进而激起更多国家和
国际组织投入"一带一路"建设中。

（三）"一带一路"官方社论

第一，"一带一路"官方社论的语类结构潜势可总结为H^
(T)^[(E^)·(B^)·C^]。具体来说，"一带一路"社论包含标
题（H）、议题（T）、解释（E）、背景（B）和评论（C）五个结
构成分。标题指概括"一带一路"社论的议论范围、中心论点或
基本倾向的简短文字，目的在于提示中心事件和评论部分，以此
引起读者的关注和思考。议题则是指由某一相关事件或现象引入
"一带一路"社论，其主要作用是为后文解释、背景和评论部分
的提出做铺垫，同时增进读者对共建"一带一路"倡议细节的了
解，吸引读者阅读兴趣。解释指社论给出社论相关事件发生的原
因、当前状况、参与人士所作发言和相关事件关系等客观信息，
目的是消除读者对于议题或者背景部分的疑问和顾虑，增加读者
对于后续评论部分的理解和接受，更好地引导舆论。背景是对社
论主体事件的类似事件或相关事件进行回顾、罗列，目的是为后
文评论部分提供事实依据，增强评论部分的说服力。评论指从思
想、政治和理论等高度对社论主要事件或人物进行旗帜鲜明的褒
贬评价，其主要作用是照应标题部分，总结议题、背景和解释部

分的总体信息，强化读者理解，启迪读者思想，引导社会舆论。在这五个结构成分中，标题和评论为必要成分，议题、解释和背景为可选成分，换言之，在每篇 "一带一路" 官方社论中，必定会出现标题和评论，但不一定给出解释、背景或评论。标题位于其他所有部分之前，若社论中出现议题，则议题位于标题之后，其他部分之前。此外，解释、背景和评论这三个结构成分无固定的前后搭配，且均有重复出现的可能。

第二，态度资源在 "一带一路" 官方社论语类结构中的分布特征及其人际意义得到充分展现。从整体来看，该语类中的态度资源占比从高到低依次为：判断资源、鉴赏资源、情感资源。由此可见，"一带一路" 官方社论尽量避免使用感情色彩浓重的词汇，而是通过相对客观表述传达官方社论对主体事件的评价。从局部来看，态度资源下三类资源在五个结构成分中的分布也各具特色。

就情感资源来说，整体上情感资源出现频率最高的部分是评论。另外，满意和安全相对于高兴出现频率较高。具体来说，情感资源里满意和安全的出现频率均在评论部分最高。此外，满意和安全的使用都体现出积极表述大于消极表述的特征。"一带一路" 官方社论中的评论部分对满意和安全的使用频率较高，主要原因是满意和安全均属于较为主观的情感资源。在评论部分使用情感资源，有益于目标读者进一步感受 "一带一路" 建设取得的成就，对于共建 "一带一路" 倡议的本质产生更加深刻的理解和认识。

　　就判断资源来说，整体上判断资源占比最高的两个部分是标题和解释。此外，能力性和毅力性在五个判断资源中占比较为突出。具体来看，判断资源中的能力性出现频率最高的两个部分同判断资源整体相一致，分别对应标题和解释。判断资源中的毅力性在解释部分出现了使用频率的最高峰。同时，得体性在评论部分达到了自身出现频率的最高点，且表现出消极表述高于积极表述的特征。在阐释共建"一带一路"倡议在经济建设过程中的重要作用时，社论会着重使用判断资源中的能力性资源和毅力性资源，这有利于展示中国政府在深入贯彻高质量建设"一带一路"的能力和决心。评论部分通常意在驳斥他国媒体和政客抹黑攻击共建"一带一路"倡议、破坏地区和平的行为。判断资源中的得体性在评论部分的重点使用，能够给予恶意抹黑者沉重一击，这不仅明确展现中国反对肆意干扰破坏"一带一路"建设行为的强硬态度，也能引导目标读者认清他国媒体和政客的真实目的。

　　就鉴赏资源来说，整体上鉴赏资源占比最高的部分是解释部分。三类鉴赏资源中，构成和价值的占比较高。具体来看，构成在解释部分中的占比最高，价值在评论部分中的出现频率最高。鉴赏资源中的构成在解释部分占据主导地位，因为对"一带一路"的宣传需要有充足的证据。构成提供了"一带一路"建设相关内容的客观信息，能让解释部分显得更加具有说服力，从而能够吸引更多国家和国际组织加入"一带一路"建设。鉴赏资源中的价值在评论部分占据明显主导地位的主要原因是作为一带一路"官方社论中的必要成分，评论部分通过旗帜鲜明的价值词语或短语，向目标读者清晰地展现了共建"一带一路"倡议对参与成员和对世界经济和民生等方面的贡献。

（四）三类官方话语的对比分析

对比分析外交部发言人"一带一路"话语、"一带一路"公共演讲以及"一带一路"官方社论的定量和定性分析结果，有以下几点发现：

第一，语类结构的灵活性和稳定性并存：三类话语的语类结构都有其特定的成分，但各自的必要成分和可选成分的差异体现了不同语类结构的灵活性。例如，外交部发言人话语和公共演讲都有必要的背景成分，而官方社论则以标题和评论为必要成分。各类官方话语在不同语境中灵活运用这些成分，展示出各自结构潜势的多样性。

第二，态度资源的分布反映话语目的：三类话语中，判断资源在公共演讲和官方社论中占主导，而外交部发言人话语则以鉴赏资源为主。这表明，外交部发言人话语更侧重于展示中国对"一带一路"项目的客观评价和项目本身的优势，而公共演讲则突出中国在国际合作中的能力和毅力，官方社论则通过判断资源传达官方态度，反击抹黑和攻击言论。

第三，人际意义的差异性和一致性：三类话语在人际意义上有所差异，外交部发言人话语中的严肃立场和坚定态度，公共演讲中的合作意图和诚挚邀请，和官方社论中的舆论引导和针锋相对，都反映了其特定的交际目的。然而，这三类话语在增强中国与"一带一路"参与国合作、宣传"一带一路"成就的共同目标上又具有一致性。

　　总体而言，三类官方话语通过不同的语类结构和态度资源的分布，展现了中国在共建"一带一路"倡议中的立场、实力和决心，具有明显的人际意义和引导作用。

二、启示与展望

　　本研究的启示涉及理论和实践两个方面。

　　本研究的启示涉及政策建议和实施意见，以增强中国"一带一路"官方话语的国际影响力，并提升对外传播效果。

　　第一，强化语类结构的灵活性和稳定性，增强话语的适应性和精准性。在外交话语和公共演讲中，灵活使用语类结构的必要和可选成分，以适应不同国际场合和受众需求。例如，外交人员可以根据具体提问灵活调整评论、解释和建议等部分的比例，而公共演讲者则可以根据听众的文化背景与需求，适当增加寒暄和期望部分，以增强亲和力和互动性。实施举措包括建立针对不同场合的"一带一路"话语模板库，并为外交官和演讲者提供语类结构培训，使其能够根据不同情况调整话语结构，做到既保持话语的稳定性，又增强其灵活性。

　　第二，加强鉴赏和判断资源的使用，增强话语说服力和共鸣。通过外交话语和官方社论，加大对"一带一路"项目优势的理性评价，突出其在全球经济中的贡献，同时在公共演讲中突出中国的合作精神与能力，借此赢得国际社会的支持和认同。尤其是在外交话语和公共演讲中使用更多的鉴赏资源,以构成和价值资源来评价"一带一路"项目的成功案例,让事实胜于雄辩。具体措施包括收集"一带一路"项目中成功合作的典型案例和数据,并在外交话语和公共演讲中强调这些客观事实,以增强话语的说服力和公信力。起草外宣话语时,结合具体情境使用正面鉴赏和判断资源,回应外界质疑。

第三,巩固话语的严肃性和合作意图,避免对立情绪的过度渲染。官方社论在强硬反击抹黑言论的同时,要通过冷静客观的判断资源传达中国的坚定立场。外交话语应体现合作意图与互惠精神,平衡好严肃与灵活的语气,使得话语既能展现中国的底线立场,也能有效推动与合作国之间的共赢关系。实施意见包括加强外交话语中的软实力表达,特别是在面对"一带一路"合作伙伴时,多使用合作性和积极性的判断资源,弱化情感资源中的批评和负面表述。通过外交和社交渠道发布具有建设性、合作性的官方评论。

第四,优化官方话语传播渠道和策略,增强对外传播力度。利用多媒体平台和社交网络,扩大"一带一路"话语的传播范围,特别是在"一带一路"参与国家中,确保官方话语能够以不同语言和文化适应的形式传播。提高官方话语的多语种传播能力,使之更加符合目标国的文化和价值观,避免机械化翻译,造成误解或抵触。具体实践包括成立"一带一路"跨文化传播团队,负责根据不同国家和地区的语言和文化特点,优化官方话语的翻译与传播。通过国际媒体合作,在国外主流媒体上发布"一

带一路"相关的评论和文章，以更具亲和力的方式传播中国的
"一带一路"理念和实践。

第五，整合人际意义，提升国际影响力。在外交话语和公共
演讲中，注重人际意义的传达，展现中国的开放性、包容性和责
任担当。通过加强对共赢、合作、和平发展的积极态度表达，构
建更具吸引力的国际形象。具体措施包括通过语音和非语言沟通
技巧的培训，提升外交人员的演讲技巧和表达能力，确保其在传
达"一带一路"政策时能够与听众形成良好的互动和共鸣。此
外，增加"一带一路"话语中的文化外交元素，通过举办国际文
化论坛、展览等软实力传播渠道，进一步加强人际关系的纽带。

这些政策建议和实施意见可以帮助中国在未来的"一带一
路"官方话语中更好地展现国家形象和实力，提升国际合作的广
度和深度，提高外宣的效果和影响力，进一步强化全球对共建
"一带一路"倡议的认同感。

参考文献

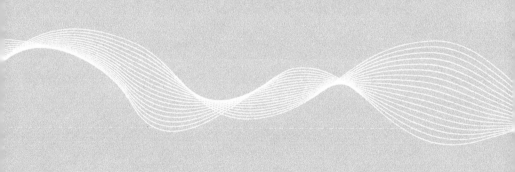

中国"一带一路"官方话语对外传播研究
*A Communication Study of China's Official Discourse
on the Belt and Road Initiative*

[1] 艾喜荣. 话语操控与安全化——克林顿政府与小布什政府气候变化政策对比研究. 北京：外交学院博士学位论文，2016.

[2] 白冰. 2017—2019年普利策获奖社论标题研究. 新闻研究导刊，2020（19）：69-70.

[3] 白鹏飞. 浅析《澎湃新闻》社论标题的语言特点. 新闻研究导刊，2015（16）：235-236.

[4] 白芝红. TED娱乐类演讲的人际意义分析. 太原：山西师范大学硕士学位论文，2019.

[5] 常一心. 话语分析视角下德汉新年致辞的人际意义对比分析. 西部学刊，2022（18）：28-34.

[6] 陈辉. 美国国情咨文演说的话语合法化策略：语类分析视角. 北京：北京外国语大学博士学位论文，2021.

[7] 陈建生，孟广福. "中国英语"变体探究——基于社论语料库的句子层面特征分析. 天津外国语大学学报，2016（3）：21-26，80.

[8] 陈丽江. 文化语境与政治话语——政府新闻发布会的话语研究. 上海：上海外国语大学博士学位论文，2007.

[9]   陈晓燕. 英汉社论语篇态度资源对比分析. 外国语（上海外国语大学学报），2007（3）：39-46.

[10]   陈晓燕，王彦. 英汉社论语篇评价系统对比分析之二——介入资源. 山东外语教学，2010（6）：20-27.

[11]   陈雪. 大学生英语演讲辞的人际意义分析——以第20届"21世纪杯"全国大学生决赛演讲辞为例. 西安：西安理工大学硕士学位论文，2017.

[12]   陈彦竹. 美国国务卿希拉里演讲的文体分析. 北京：首都师范大学硕士学位论文，2011.

[13]   陈泽泽. 商务会议英语演讲辞的文体分析. 成都：西南财经大学硕士学位论文，2009.

[14]   程洪梅. 英语社论语篇中作者和读者互动关系的构建：评价理论视角. 济南：山东大学硕士学位论文，2008.

[15]   成亚君. 林肯葛底斯堡演讲词文体分析. 外语教学理论与实践，2011（4）：52-57.

[16]   崔诗文. 联合国环保演讲的人际元功能分析. 沈阳：辽宁大学硕士学位论文，2019.

[17]   戴光荣，左尚君. 介入系统在新闻社论翻译中的应用：基于语料库的个案研究. 外国语言文学，2015（3）：199-207，216.

[18]   邓畅. TED公共演讲的人际意义研究. 徐州：中国矿业大学硕士学位论文，2014.

[19]   丁毅. 浅谈《人民日报》国庆社论中的排比修辞. 新闻爱好

者，2019（9）：94-96.

[20] 窦卫霖. 中美官方话语的比较研究. 上海：上海外国语大学博士学位论文，2011.

[21] 窦卫霖，温建平. 习近平国际演讲亲民话语特征及其英译特色研究. 外语教学理论与实践，2015（4）：15-20，92.

[22] 范武邱，王昱. 十八大以来我国外交部发言人话语新风格及翻译策略探析. 外语教学，2021（2）：80-85.

[23] 范武邱，邹付容. 批评隐喻分析视阈下外交话语与国家身份构建——以中国国家领导人在2007—2018年夏季达沃斯论坛开幕式上的致辞为例. 北京第二外国语学院学报，2021（3）：60-72，115.

[24] 冯正斌，刘振清. 政治文本科技隐喻英译创新性研究——以《抗击新冠肺炎疫情的中国行动》白皮书为例. 技术与创新管理，2022（1）：115-121.

[25] 付蕾，李捷. 奥巴马上海演讲的文体学分析（英文）. 语文学刊（外语教育与教学），2010（9）：16-18.

[26] 郭可. 试析英语社论的写作结构及语言特色. 外国语（上海外国语学院学报），1993（2）：59-63.

[27] 郭立秋，王红利. 外交语言的精确性与模糊性. 外交学院学报，2002（4）：80-84.

[28] 郭彤，高洋，王晓晨. 人际功能视角下美国总统就职演讲的对比分析——以特朗普和拜登为例. 现代语言学，2022（1）：161-168.

[29]　郭志通，钟庆伦. 从评价理论透析社论英语的态度评价体现. 四川教育学院学报，2007（9）：65-67.

[30]　韩丹. 构式视阈下外交拒绝言语行为研究. 外语与外语教学，2021（5）：37-46，148.

[31]　韩丹，刘风光，邓耀臣. 批评语用视阈下中美外交拒绝言语行为对比研究. 外语研究，2020（1）：19-24.

[32]　韩青玉. 中美社论态度意义对比及其语境阐释——以《中国日报》和《纽约时报》为例. 青海师范大学学报（哲学社会科学版），2011（4）：98-102.

[33]　何棪云. Emma Watson 联合国女性主义演说的人际意义分析. 现代交际，2016（19）：91-93.

[34]　何莹. 经济危机背景下美国总统就职演讲的人际意义分析. 海外英语，2018（15）：199-200.

[35]　洪岗，陈乾峰. 中美新闻发言人拒绝策略对比研究. 外语教学与研究，2011（2）：209-219，319-320.

[36]　胡洁. 建构视角下的外宣翻译研究. 上海：上海外国语大学博士学位论文，2010.

[37]　胡开宝，李婵. 国内外外交话语研究：问题与展望. 外语教学，2018（6）：7-12.

[38]　胡壮麟. 系统功能语言学的社会语言学渊源. 北京科技大学学报（社会科学版），2008（2）：92-97.

[39]　黄友义. 坚持 "外宣三贴近" 原则，处理好外宣翻译中的难点问题. 中国翻译，2004（6）：29-30.

[40] 姬瑞昆. 希拉里·克林顿公众演讲文体分析. 北京：首都师范大学硕士学位论文，2013.

[41] 江雷. 奥巴马联大系列演讲的人际意义研究. 郑州：郑州大学硕士学位论文，2017.

[42] 姜雪，刘薇. 从语言的元功能看政治演讲——以奥巴马2008年大选获胜演说为例. 东北大学学报（社会科学版），2009（4）：360-365.

[43] 蒋戴丽. 美国总统就职演说辞的文体分析. 南宁：广西大学硕士学位论文，2008.

[44] 孔昭莉，陈士法. 奥巴马总统就职演讲的文体特征分析. 文教资料，2011（10）：40-41.

[45] 蓝纯，胡毅. 外交部新闻发言人闪避回答的语用分析. 中国外语，2014（6）：21-28.

[46] 李长忠，眭丹娟. 中美英语报刊社论语篇的介入资源对比研究. 徐州师范大学学报（哲学社会科学版），2012（5）：67-72.

[47] 李春英. 浅析英语公共演讲的文体特征. 海外英语，2014（17）：255-256.

[48] 李丰华. 习近平主席2018年新年贺词的人际意义. 青年记者，2018（21）：31-32.

[49] 李国庆，孙韵雪. 新闻语篇的评价视角——从评价理论的角度看社论的价值取向. 广东外语外贸大学学报，2007（4）：90-93.

[50] 李慧. 基于语料库的商务英语演讲话语中人际意义的构建. 重庆第二师范学院学报, 2020（6）：41-51.

[51] 李梦洁. 赖斯文本类型理论视角下《经济学人》社论专栏翻译实践报告. 武汉：中南民族大学硕士学位论文, 2021.

[52] 李文军, 朱稳根. 注意力转换、媒体宣传与公共服务型政府建设——基于人民日报（社论）的分析. 社会科学家, 2012（8）：68-71.

[53] 李响. 基于语料库的英语报刊社论态度研究. 当代外语研究, 2016（6）：47-53.

[54] 李岩. 人际功能视角下美国总统唐纳德·特朗普每周演讲分析. 长春：吉林大学硕士学位论文, 2018.

[55] 李颖. 社论标题的批评话语分析——以哥本哈根气候会议各国共同社论为例. 中南民族大学学报（人文社会科学版）, 2012（2）：172-176.

[56] 李战子, 胡明霞. 基于语义重力说和评价理论的评价重力——以傅莹《中国是超级大国吗?》演讲为例. 外语研究, 2016（4）：1-6, 112.

[57] 梁红. 毕业典礼演讲语篇的人际功能分析——以希拉里克林顿耶鲁大学演讲为例. 海外英语, 2019（8）：121-122.

[58] 梁楹. 语法隐喻视角下的新闻社论翻译. 长春师范学院学报, 2012（4）：61-62, 60.

[59] 廖迅乔. 认知视角下《人民日报》社论（1966—1971）的批评语篇分析. 北京：北京外国语大学博士学位论文, 2014.

[60] 刘丹. 马云海外演讲的人际意义分析. 兰州：兰州理工大学硕士学位论文，2019.

[61] 刘飞飞. 汉语社论态度表达模式研究. 济南：山东大学硕士学位论文，2012.

[62] 刘风光，刘诗宇. 外交话语中规避回答策略及其仪式化关系联结. 现代外语，2020（6）：768-780.

[63] 刘豪爽，党丰晓，成泅涌. 系统功能语言学视域下政治演讲词人际意义探蹊——以2021年新年贺词英译本为例. 武汉冶金管理干部学院学报，2021（4）：92-96.

[64] 刘森林. 语用策略与言语行为. 外语教学，2003（3）：10-15.

[65] 刘森林. 语用策略与标准会话隐含义. 外语学刊，2004（3）：46-50，112.

[66] 刘婷婷. 英汉政治社论语篇态度资源对比研究——基于评价理论的新闻语篇分析. 河北民族师范学院学报，2017（3）：93-100.

[67] 刘婷婷，徐加新. 英汉政治社论语篇介入资源对比研究——评价理论视域下的新闻语篇分析. 外语与翻译，2018（3）：45-51.

[68] 刘晓丽.《人民日报》社论词汇统计与分析. 桂林：广西师范学院硕士学位论文，2015.

[69] 马艾合.《经济学人》社论翻译实践报告. 太原：山西大学硕士学位论文，2017.

[70] 马徽. 美俄总统演讲语篇的文体研究——以奥巴马和普京演讲为例. 哈尔滨：黑龙江大学硕士学位论文，2016.

[71] 马媛媛. 人际功能视角的政治演讲分析——以 "中非合作论坛北京峰会" 开幕式习近平主席的主旨演讲为例. 现代交际，2020（4）：254-255.

[72] 孟彩华. 第44届美国总统竞选演讲的文体分析———个更完美的联邦. 太原：太原理工大学硕士学位论文，2010.

[73] 牛保义. 国庆社论标题的动态研究. 外语教学，2007（2）：11-15.

[74] 彭如青，欧阳护华. 元旦社论标题中的祈使句研究. 江西师范大学学报（哲学社会科学版），2009（4）：148-152.

[75] 秦小锋. 外交活动中语言的元语用意识分析. 河南师范大学学报（哲学社会科学版），2009（4）：222-224.

[76] 冉志晗. 英汉社论话语权力的建构：从语篇的态度资源看起. 合肥工业大学学报（社会科学版），2012（3）：59-65.

[77] 任重远，毛登彩. 英语政治社论中介入资源的人际意义. 鸡西大学学报，2012（12）：53-55.

[78] 阮英. 中美报刊经济社论语篇介入资源对比分析. 太原：太原理工大学硕士学位论文，2016.

[79] 邵帅. 瑟玫·铃木震惊世界演讲的人际意义分析. 戏剧之家，2016（22）：257-258，270.

[80] 史明磊. 《基督教科学箴言报》社论的现代修辞研究. 广州：暨南大学硕士学位论文，2006.

[81] 史亭玉，张平功.《习近平谈治国理政》第三卷英译本分析——兼谈中央文献翻译的原则和策略. 学术研究，2021（3）：34-38.

[82] 施燕华. 怎样做好外交口译工作. 中国翻译，2007（3）：57-60.

[83] 施燕华. 外交翻译60年. 中国翻译，2009（5）：9-12.

[84] 司炳月，高松. 外宣文本中英级差资源分布与翻译——以2019年政府工作报告双语文本为例. 上海翻译，2019（5）：14-20.

[85] 宋金花，于波，刘冲.《中国日报》英语社论中的修辞手段探析. 大庆师范学院学报，2012（5）：102-105.

[86] 孙吉胜. 国际关系理论中的语言研究：回顾与展望. 外交评论（外交学院学报），2009（1）：70-84.

[87] 谭克新. 演讲文体特征及其翻译策略——以俄罗斯总统普金的演讲为例. 中国俄语教学，2014（4）：49-55.

[88] 陶红羽. 人际功能视角下的语篇探析——以2021年美国第一夫人吉尔·拜登在乔治梅森大学毕业典礼上的演讲为例. 英语广场，2022（2）：54-57.

[89] 王鸽. 语境顺应视角下英文社论中模糊语汉译研究——以"冰上丝绸之路"社论为例. 北京：中国石油大学（北京）硕士学位论文，2019.

[90] 王和私，尹丕安，王芙蓉. 中英文政治演说的情态对比研究. 西安外国语大学学报，2011（2）：38-42.

[91] 王红阳，程春松. 英语政治演讲和学术演讲的情态对比研究. 外语与外语教学，2007（5）：21-24.

[92] 王金玲，王宁. 政治讲话语篇的言语交际策略与手段——以2014—2015年国际会议上的讲话为例. 外语学刊，2016（5）：47-50.

[93] 王磊. 中美英语社论中介入资源的对比研究. 长春：吉林大学硕士学位论文，2012.

[94] 王楠楠. 政治语言学视域下俄罗斯 "媒体外交话语" 评价意义研究. 大连：大连外国语大学博士学位论文，2020.

[95] 王宁. 英国首相鲍里斯·约翰逊就职讲话人际意义研究. 现代交际，2020（1）：98-99.

[96] 王蕊. 评价理论下中美英语社论介入资源对比研究. 哈尔滨：东北林业大学硕士学位论文，2017.

[97] 王彦，陈建生. 外交情态的跨文化对比研究新视角. 西安外国语大学学报，2016（2）：5-9.

[98] 王燕，柳福玲，张文静. 中英社论语篇级差资源比较研究——以《人民日报》和《纽约时报》为例. 新闻传播，2014（17）：52-54.

[99] 王艳艳. 功能翻译理论视角下突发事件社论的英译研究. 成都：电子科技大学硕士学位论文，2021.

[100] 王怡滢. 介入系统视角下中美主流媒体有关中美贸易战社论对比分析. 太原：山西师范大学硕士学位论文，2021.

[101] 魏在江. 从外交语言看语用含糊. 外语学刊，2006（2）：

45-51.

[102] 文秋芳. 拟人隐喻"人类命运共同体"的概念、人际和语篇功能——评析习近平第70届联合国大会一般性辩论中的演讲. 外语学刊, 2017（3）: 1-6.

[103] 翁青青. 政治话语中的隐喻和身份构建: 以英国、加拿大、中国在德班气候大会上的发言为例. 国际新闻界, 2013（8）: 26-36.

[104] 吴瑾宜, 汪少华. 习近平外交话语用典的认知语用机制解读. 江海学刊, 2020（6）: 5-11.

[105] 徐超.《人民日报》社论词汇统计与分析. 采写编, 2017（3）: 144-145.

[106] 徐美玲. 俄罗斯新闻话语的论证言语交际策略. 外语学刊, 2018（6）: 23-27.

[107] 徐珉君. 评价理论视角下英语社论语篇的积极话语分析. 长江大学学报（社科版）, 2016（12）: 66-71.

[108] 徐亚男. 外交翻译的特点以及对外交翻译的要求. 中国翻译, 2000（3）: 36-39.

[109] 徐中意. 认识情态在政治话语中的认知-功能研究. 外语研究, 2017（6）: 26-31.

[110] 徐中意. 外交话语模式分析框架的构建: 批评认知语言学视角. 外国语文, 2020（1）: 19-27.

[111] 许静. 中美外交新闻发布会话语中模糊限制语的对比研究——批评性话语分析路径. 南京: 南京师范大学博士学位

论文，2017.

[112] 续静莉. 基于评价理论的英语社论介入资源研究. 济南：山东师范大学硕士学位论文，2016.

[113] 杨桂蓉，訾缨. 奥巴马获胜演讲的语体特点. 宁波教育学院学报，2009（2）：36-38，77.

[114] 杨明星. 论外交语言翻译的 "政治等效——以邓小平外交理念 "韬光养晦" 的译法为例. 解放军外国语学院学报，2008（5）：90-94.

[115] 杨明星，王钇繁. 外交委婉语的文体特征、修辞原理与话语功能. 中国外语，2020（2）：26-33.

[116] 杨娜芝. 奥巴马就职演说的人际意义. 汕头：汕头大学硕士学位论文，2010.

[117] 杨树.《南方都市报》社论标题引述新闻事实的方式. 新闻窗，2009（5）：29-31.

[118] 要佳妍. 关于中国重大事件的英语社论的介入资源分析. 太原：山西财经大学硕士学位论文，2016.

[119] 叶慧君，杨鑫妮. 有关新冠疫情的外交部例行记者会互动式元话语研究. 外国语文，2021（5）：96-103.

[120] 殷玲玲，李辉. 毛泽东 "以理服人" 论解读. 思想政治教育研究，2015（6）：22-25.

[121] 喻国明. 共鸣策略："让世界了解中国" 的价值起点——以西方媒体国际影响力构建的模式为借鉴. 新闻界，2013（2）：23-24，46.

[122] 于丽. 评价理论视角下政治文献翻译中译者的主体性研究. 外语学刊, 2021 (6): 67-72.

[123] 袁春琳.《环球时报》和《纽约时报》英语社论中情态动词的对比分析. 牡丹江大学学报, 2011 (1): 26-28, 33.

[124] 袁舒芳. 乔布斯在斯坦福大学演讲的人际功能分析. 英语广场, 2016 (12): 45-46.

[125] 曾亚平. 从批评性话语分析角度解读奥巴马的总统选举获胜演讲. 外语与外语教学, 2009 (2): 19-21.

[126] 张格兰, 范武邱. "第三空间"视阈下中国外交话语 (2012-2020) 翻译研究. 上海翻译, 2021 (4): 24-29, 95.

[127] 张健. 外宣翻译导论. 北京: 国防工业出版社, 2013.

[128] 张竞碧. 论奥巴马获胜演讲的文体特点. 海外英语, 2011 (1): 271-272.

[129] 张晶晶. 习近平主席"一带一路"高峰论坛演讲人际意义研究. 北京: 华北电力大学硕士学位论文, 2021.

[130] 张峻峰. 刍议"含蓄"外交话语的翻译. 外国语文研究, 2015 (6): 29-36.

[131] 张路遥. TED激励类演讲中的人际意义研究. 合肥: 安徽大学硕士学位论文, 2016.

[132] 张倩. 美国名校毕业演说的文体特征分析. 北京: 首都师范大学硕士学位论文, 2009.

[133] 张森, 刘凤光. 政治演讲语篇中人际意义的政治语言学研

究——以特朗普任内首份国情咨文文本为例. 东北亚外语研究, 2018（3）：27-34.

[134] 张世璞. 对美国总统奥巴马演讲的文体特征分析. 北京：首都师范大学硕士学位论文, 2009.

[135] 张树筠, 李靓. 公共演讲的文体分析——以诺贝尔文学奖颁奖演说词为例. 中国外语研究, 2016（1）：53-58, 150.

[136] 张文丽. 《纽约时报》社论翻译原则研究——基于自建小型语料库. 山西师大学报（社会科学版）, 2014（55）：167-168.

[137] 张文丽. 《纽约时报》社论翻译报告. 太原：太原理工大学硕士学位论文, 2015.

[138] 张雪. 评价理论视角下英汉社论语篇态度资源的对比分析. 济南：山东师范大学硕士学位论文, 2018.

[139] 张援远. 谈谈领导人言论英译的几个问题. 中国翻译, 2004（1）：55.

[140] 赵民. 关于同一事件的英语社论的结尾对比分析——介入系统视角. 当代外语研究, 2015（4）：23-28, 77.

[141] 赵思童. 国际领域意识形态问题的中国应对. 广西社会科学, 2022（4）：35-41.

[142] 赵绪红. 中英报刊社论句法特征对比分析. 重庆：重庆大学硕士学位论文, 2011.

[143] 郑东升, 刘晓杰. 政治语篇的人际功能——关于布什话语的个案研究. 河北师范大学学报（哲学社会科学版）, 2010

（5）：75-82.

[144] 钟含春，范武邱. 习近平外交话语风格特点及传译研究. 上海翻译，2018（3）：46-51.

[145] 钟丽君. 奥巴马就职演讲的人际意义分析. 外语学刊，2010（3）：80-82.

[146] 钟蕊.《人民日报》（1949—2019）元旦社论话语的广义修辞学分析. 福州：福建师范大学博士学位论文，2019.

[147] 朱会敏. 肯尼斯·伯克修辞理论视角下的中国国家形象建构研究——以《中国日报国际版》社论语篇为例. 南宁：广西大学硕士学位论文，2020.

[148] 朱义华. 从"争议岛屿"来看外宣翻译工作中的政治意识. 中国翻译，2012（6）：96-98.

[149] 邹晓玲. 从《人民日报》元旦社论标题语言看国家形象塑造. 重庆交通大学学报（社会科学版），2018（2）：121-124，144.

[150] 左实.《南方都市报》社论话语形态分析. 武汉：华中师范大学硕士学位论文，2009.

[151] ADEGBITE W. Pragmatic tactics in diplomatic communication: A case study of Ola Rotimi's Ovonramwen Nogbaisi. Journal of Pragmatics, 2005, 37(9): 1457-1480.

[152] ANSARY H, BABAII E. The generic integrity of newspaper editorials: A systemic functional perspective. RELC Journal, 2005, 36(3): 271-295.

[153] ANSARY H, BABAII E. A cross-cultural analysis of English newspaper editorials: A systemic-functional view of text for contrastive rhetoric research. RELC Journal, 2009, 40(2): 211-249.

[154] BAKUURO J, DIEDONG A L. A critical discourse analysis of language in Ghanaian newspaper editorials. Athens Journal of Mass Media and Communications, 2021,7(1), 45-60.

[155] BAL B K. Analyzing opinions and argumentation in news editorials and op-Eds. International Journal of Advanced Computer Science and Applications, 2014, 4(1): 22-29.

[156] BONYADI A. The rhetorical properties of the schematic structures of newspaper editorials: A comparative study of English and Persian editorials. Discourse & Communication, 2010, 4(4): 323-342.

[157] BONYADI A, SAMUEL M. Headlines in newspaper editorials: A contrastive study. SAGE Open, 2013, 3(2): 1-10.

[158] BULL P, MAYER K. How not to answer questions in political interviews. Political Psychology, 1993, 14(4): 651-666.

[159] CHEN Y, ZHANG Y. Cognitive-pragmatic strategies for English translation of colloquial metaphors in political discourse. International Journal of Applied Linguistics and Translation, 2020, 6(3): 89-95.

[160] CHENG L, CHEN C. The construction of relational frame

model in Chinese President Xi Jinping's foreign visit speeches. Text & Talk, 2019, 39(2): 149-170.

[161] CLAYMAN S E. Reformulating the question: A device for answering/not answering questions in news interviews and press conferences. Text, 1993, 13(2): 159-188.

[162] DARONG H C. Interpersonal function of Joe Biden's victory speech (systemic functional linguistics view). Journal of Education Research and Evaluation, 2021, 5(1): 57-66.

[163] DE CARVALHO E M. Semiotics of International Law: Trade and Translation. Dordrecht: Springer, 2011.

[164] DI CARLO G S. Diachronic and Synchronic Aspects of Legal English: Past, Present, and Possible Future of Legal English. Cambridge: Cambridge Scholars Publishing, 2015.

[165] EZEIFEKA C R. Critical discourse analysis of interpersonal meaning and power relations in selected inaugural political speeches in Nigeria. Unizik Journal of Arts and Humanities, 2014, 14(2): 46-65.

[166] FENG H, LIU Y. Analysis of interpersonal meaning in public speeches—A case study of Obama's speech. Journal of Language Teaching & Research, 2010, 1(6): 825-829.

[167] FIRMANSAH A. Interpersonal meaning in Netanyahu's speech. English Review: Journal of English Education, 2015, 4(1): 103-110.

[168] FU R. Comparing modal patterns in Chinese-English interpreted and translated discourses in diplomatic setting: A systemic functional approach. Babel, 2016, 62(1): 104-121.

[169] GNISCI A, BONAIUTO M. Grilling politicians: politicians' answers to ques-tions in television interviews and courtroom. Journal of Language and Social Psychology, 2003, 22(4): 385-413.

[170] GUO Y. The interpreter's political awareness as a non-cognitive constraint in political interviews: A perspective of experiential meaning. Babel, 2015, 61(4): 573-588.

[171] HALLIDAY M A K, HASAN R. Language, Context and Text: Aspects of Language in a Social-semiotic Perspective. Oxford: Oxford University Press, 1985.

[172] HAWES T, THOMAS S. Rhetorical uses of theme in newspaper editorials. World Englishes, 1996, 15(2): 159-170.

[173] HULU F. Interpersonal function in Martin Luther King Jr's speech. International Journal of Systemic Functional Linguistics, 2019, 2(1): 43-46.

[174] INDARTI D. Syntactic complexity of online newspaper editorials across countries. Studies in English Language and Education, 2018, 5(2): 294-307.

[175] JIANG GD, ZHU MY. The COVID-19 pandemic as a challenge for media and communication studies. Critical Studies in Media

Communication, 2023, 40(2-3): 182-184.

[176] JIANG GD, ZHANG JY. International discourses of authoritarian populism: Varieties and approaches. Journal of Language and Politics, 2024, 23(1): 146-149.

[177] JIANG GD. The politics of climate change metaphors in the U.S. discourse: Conceptual metaphor theory and analysis from an ecolinguistics and critical discourse analysis perspective. Discourse Studies, 2024, 26(2): 283-285.

[178] KAMPF Z. All the best! Performing solidarity in political discourse. Journal of Pragmatics, 2016, 93: 47-60.

[179] KARAKOÇ N Y. Non-cognitive causes of imprecision in consecutive interpreting in diplomatic settings in light of functionalism. Procedia-Social and Behavioral Sciences, 2016, 231: 154-158.

[180] KERRICK J S, ANDERSON T E, SWALES L B. Balance and the writer's attitude in news stories and editorials. Journalism & Mass Communication Quarterly, 1964, 41(02): 207-215.

[181] KOUTCHADÉ I S. Discourse analysis of general Muhammadu Buhari's official acceptance speech: A systemic functional perspective. International Journal of English Linguistics, 2015, 5(5): 24-36.

[182] KUANG P, LIU L. Application of interpersonal meaning in Hillary's and Trump's election speeches. Advances in Language

and Literary Studies, 2017, 8(6): 28-36.

[183] KUOSMANEN S. Human rights and ideology in foreign policy discourse: A case study of U.S. State Department Human Rights Country Reports 2000–2019. Discourse & Society, 2021, 32(4): 426-442.

[184] LABBÉ D, SAVOY J. Stylistic analysis of the French presidential speeches: Is Macron really different?. Digital Scholarship in the Humanities, 2021, 36(1): 153-163.

[185] LAKOFF G. Moral Politics: How Liberals and Conservative Think. Chicago: University of Chicago Press, 2002.

[186] LAKOFF G. Whose freedom? The Battle over America's Most Important Idea. New York: Farrar, Straus and Giroux, 2006.

[187] LE É. Information sources as a persuasive strategy in editorials: Le Monde and the New York Times. Written Communication, 2003, 20(4): 478-510.

[188] LI X, XU F. Re-appraising self and other in the English translation of con-temporary Chinese political discourse. Discourse, Context & Media, 2018, 25: 106-113.

[189] LI X, ZHANG R. The diplomatic interpreter's negotiation of power and solidarity through engagement choices: A case study of the Chinese Foreign Minister's 2018 press conference. Discourse, Context & Media, 2021, 39: 1-9.

[190] LI Y, WANG X, WANG L, et al. Stylistic features of impromptu

speech of Chinese learners. Open Journal of Modern Linguistics, 2019, 9(3): 191-205.

[191] LIAN Y. Analysis of Xi's diplomatic speeches from the perspective of appraisal theory. Journal of Language Teaching and Research, 2018, 9(4): 759-764.

[192] LIN H. A stylistic analysis of Donald Trump's inaugural address. Studies in Literature and Language, 2019, 19(3): 75-80.

[193] LIU F. Strategies for affiliation in media editorials: Persuading and aligning readers. University of Technology Sydney, 2017.

[194] LIU F. Lexical metaphor as affiliative bond in newspaper editorials: A systemic functional linguistics perspective. Functional Linguistics, 2018, 5(2): 1-14.

[195] LIU L. Discourse construction of social power: Interpersonal rhetoric in editorials of the China Daily. Discourse Studies, 2009, 11(1): 59-78.

[196] LIU W, WANG Y. The role of offensive metaphors in Chinese diplomatic discourse. Discourse, Context & Media, 2020, 37: 1-10.

[197] MANU J G, AWUTTEY W M, FREITAS P K. A stylistic exploration of headlines in Ghanaian newspaper editorials. E-Journal of Humanities, Arts and Social Sciences, 2022, 3(1): 1-14.

[198] MARKWICA R. Emotional Choices: How the Logic of Affect

Shapes Coercive Diplomacy. Oxford: Oxford University Press, 2018.

[199] MÁRQUEZ A C. A functional view on the expression of emotion—the case of Spanish emigration and the media: Politics, manipulation and stance. Discourse & Communication, 2017, 11(5): 467-482.

[200] MARTIN J R, WHITE P R R. The language of evaluation: Appraisal in English. New York: Palgrave Macmillan, 2005.

[201] MCDERMOTT R. Leadership and the strategic emotional manipulation of political identity: An evolutionary perspective. The Leadership Quarterly, 2018, 31(2): 1-11.

[202] MUNDAY J. Engagement and graduation resources as markers of translator/interpreter positioning. Target, 2015, 27(3): 406-421.

[203] MUNDAY J. A model of appraisal: Spanish interpretations of President Trump's inaugural address 2017. Perspectives, 2017, 26(2): 180-195.

[204] NARTEY M, ERNANDA. Formulating emancipatory discourses and reconstructing resistance: A positive discourse analysis of Sukarno's speech at the first Afro-Asian conference. Critical Discourse Studies, 2020, 17(1): 22-38.

[205] NTSANE M F S. The management of writer-reader interaction in newspaper editorials. Ghana Journal of Linguistics, 2015,

4(2): 108-123.

[206] NUR S. Analysis of Interpersonal Metafunction in Public Speeches: A case study of Nelson Mandela's presidential inauguration speech. The International Journal of Social Sciences, 2015, 30(1): 52-63.

[207] OBENG S G. Language and politics: Indirectness in political discourse. Discourse & Society, 1997, 8(1): 49-83.

[208] PARK J. Critical discourse analysis of sovereignty claims over Dokdo/Take-shima: With the focus on Korean and Japanese Foreign Ministries' websites. Discourse and Cognition, 2017, 24(3): 25-52.

[209] PARTINGTON A. The Linguistics of Political Argument: The Spin-Doctor and the Wolf-Pack at the White House. London: Routledge, 2003.

[210] PRATAMA A B, RUSTIPA K. Mood type and appraisal realized in the online Jakarta Post editorial issue on March 12th, 2018 "Voters Need More Candidates". Dinamika Bahasa Dan Budaya, 2020, 15(1): 7-18.

[211] PRIHANDINI A, PUTRA I P. Interpersonal metafunction in Leonardo DiCaprio's speech. English Journal Literacy UTama, 2019, 3(1): 40-46.

[212] QIAN Y. Stylistics: A coursebook for Chinese EFL students. Beijing: Foreign Language Teaching and Research Press, 2006.

[213] REH S, VAN QUAQUEBEKE N, GIESSNER S R. The aura of charisma: A review on the embodiment perspective as signaling. The Leadership Quarterly, 2017, 28(4): 486-507.

[214] RONG J. An analysis of stylistic features of Donald Trump's speech. International Journal of English Linguistics, 2021, 11(3): 11-18.

[215] SAGHIR F, QASIM H M, SIBTAIN M. 'I Have A Dream': An interpersonal metafunction analysis of Martin Luther King Jr.'s speech. Ilkogretim Online, 2020, 19(4): 6999-7014.

[216] SALAHSHOOR F, NAJJARI ASL Z, TOFIGH M. Interpersonal metadiscourse in newspaper editorials. The Journal of Applied Linguistics and Applied Literature: Dynamics and Advances, 2014, 2(1): 91-109.

[217] SANATIFAR M S. Lost in political translation. (Mis)translation of an inter-textual reference and its political consequences: The case of Iran. Journal of Specialized Translation, 2015, 24: 129-149.

[218] SCHÄFFNER C. Political discourse analysis from the point of view of translation studies. Journal of Language and Politics, 2004, 3(1): 117-150.

[219] SCOTT D. China's public diplomacy rhetoric, 1990–2012: Pragmatic image-crafting. Diplomacy & Statecraft, 2015, 26(2): 249-265.

[220] STEEN G. Conversationalization in discourse: Stylistic changes in editorials of The Times between 1950 and 2000. In LAGERWERF L, SPOOREN W P M S, DEGAND L.(eds). Determination of Information and Tenor in Texts: Multidisciplinary Approaches to Discourse 2003. Amsterdam & Münster: Stichting Neerlandistiek VU & Nodus Publikationen, 2003: 115-124.

[221] STEUTER E, WILLS D. At War with Metaphor: Media, Propaganda, and Racism in the War on Terror. Lanham: Lexington Books, 2008.

[222] STRAUSS J C. Framing and claiming: Contemporary globalization and "going out" in China's rhetoric towards Latin America. The China Quarterly, 2012, 209: 134-156.

[223] SU T. Positive discourse analysis of Xi Jinping's speech at the National University of Singapore under appraisal theory. Journal of Language Teaching and Research, 2016, 7(4): 796-801.

[224] SWANN Jr W B, JETTEN J, GÓMEZ Á, et al. When group membership gets personal: A theory of identity fusion. Psychological Review, 2012, 119(3): 441-456.

[225] TIAN M. Interpreting attitude resources in China Daily editorials. Asian Journal of Literature, Culture and Society, 2013, 7(1): 64-84.

[226] TIAN R. A stylistic analysis of Joseph Biden's inaugural address. Learning & Education, 2020, 9(5): 124-125.

[227] UTARI N D D, SAMUDJI, DIANA S. Interpersonal meaning in the speech of Susilo Bambang Yudhoyono and Tony Abbott in phone tapping case. Artikel Ilmiah Mahasiswa, 2016: 1-5.

[228] WAGECHE I, CHI C. Conceptual metaphors and rhetoric in Barack Obama's and Xi Jinping's diplomatic discourse in Africa and Europe. International Journal of English Linguistics, 2017, 7(2): 52-62.

[229] WANG B. A descriptive study of norms in interpreting: Based on the Chinese-English consecutive interpreting corpus of Chinese premier press conferences. Meta, 2012, 57(1): 198-212.

[230] WANG L, SONG R, QU Z, et al. Study of China's publicity translations based on complex network theory. IEEE Access, 2018, 6: 35753-35763.

[231] WHITE P R R. Telling media tales: The news story as rhetoric. Sydney: University of Sydney, 1998.

[232] WILSON J. Politically speaking: The Pragmatic Analysis of Political Language. Oxford: Basil Blackwell, 1990.

[233] WONG S S. Emotions and the communication of intentions in face-to-face diplomacy. European Journal of International Relations, 2016, 22(1): 144-167.

[234] YANG H. The interpersonal metafunction analysis of Barack

Obama's inaugural address. International Journal of Languages, Literature and Linguistics, 2017, 3(1): 27-31.

[235] YANG M, YAN D. The translation strategies for Chinese diplomatic neologisms from the perspective of "political equivalence". Babel, 2016, 62(4): 661-675.

[236] YE R. The interpersonal metafunction analysis of Barack Obama's victory speech. English Language Teaching, 2010, 3(2): 146-151.

[237] YU Z. Analysis of the interpersonal function of Queen's 2020 Christmas speech. International Journal of Education and Management, 2021, 6(2): 50-54.

[238] ZARZA S, TAN H. Patterns of schematic structure and strategic features in newspaper editorials: A comparative study of American and Malaysian editorials. Discourse & Communication, 2016, 10(6): 1-23.

[239] ZHANG J. From interpersonal to international: Two types of translation in the making of implicitness in diplomatic discourse. Perspectives: Studies in Translation Theory and Practice, 2014, 22(1): 75-95.

[240] ZHANG M. The interpersonal meaning of deontic modality in English political speech—Take Barack Obama's first presidential campaign speech as an example. International Journal of Social Science and Education Research, 2021, 4(7): 349-354.

[241] ZHAO Y, LI Y. C-E Translation strategies of diplomatic speech from the perspective of skopos theory. Cross-Cultural Communication, 2019, 15(2): 15-18.

[242] ZHOU L. Moral stance taking as a device of covert aggression in Chinese political language use. Discourse, Context & Media, 2020, 36: 1-9.